大 / 学 / 公 / 共 / 课 / 系 / 列 / 教 / 材

创 / 业 / 教 / 育 / 系 / 列 / 教 / 材

U0659769

大学生创新创业基础

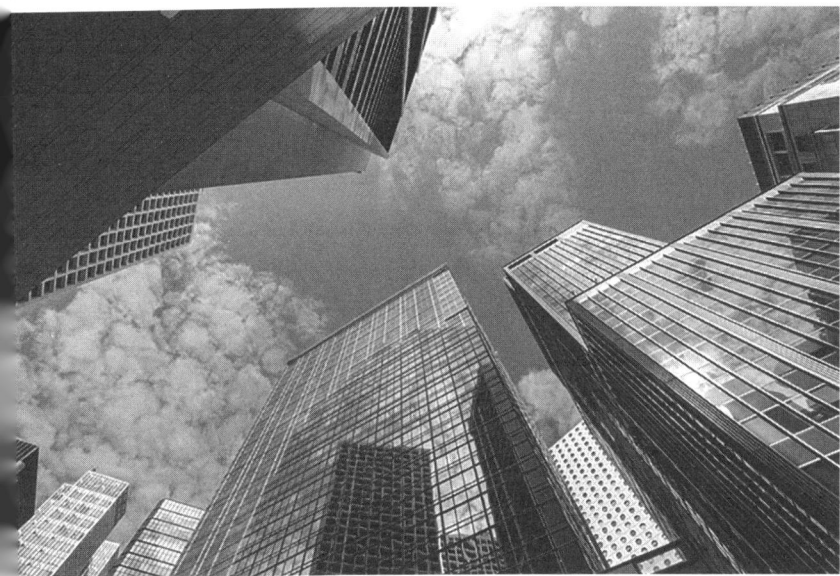

Innovation and Entrepreneurship
Basics for College Students

常栩雨

主编

北京师范大学出版集团
BEIJING NORMAL UNIVERSITY PUBLISHING GROUP
北京师范大学出版社

图书在版编目（CIP）数据

大学生创新创业基础 / 常栩雨主编. —北京：北京师范大学出版社，
2021.9（2025.1 重印）

（创业教育系列教材）

ISBN 978-7-303-27197-9

Ⅰ.①大… Ⅱ.①常… Ⅲ.①大学生－创业－高等学校－教材 Ⅳ.①G647.38

中国版本图书馆 CIP 数据核字（2021）第 171016 号

DAXUESHENG CHUANGXIN CHUANGYE JICHU

出版发行：北京师范大学出版社 https：//www.bnupg.com
　　　　　北京市西城区新街口外大街 12-3 号
　　　　　邮政编码：100088

印　　刷：天津旭非印刷有限公司
经　　销：全国新华书店
开　　本：787 mm×1092 mm　1/16
印　　张：11.75
字　　数：284 千字
版　　次：2021 年 9 月第 1 版
印　　次：2025 年 1 月第 9 次印刷
定　　价：46.80 元

策划编辑：李　明　　　　　责任编辑：李　明
美术编辑：李向昕　　　　　装帧设计：李向昕
责任校对：陈　民　　　　　责任印制：马　洁

编 委 会

主　　编：常栩雨

编写人员：（按姓氏笔画排名）

　　　　　刘凤红　刘慧丽　曲艳萍　杨　杰

　　　　　邱　晶　吴加良　杨如如　张艳萍

　　　　　李新军　董丽君

前　言

　　2015 年 5 月，国务院办公厅颁发了《关于深化高等学校创新创业教育改革的实施意见》，旨在立足国家实施创新驱动发展战略、促进经济提质增效升级、推进高等教育综合改革、促进高校毕业生更高质量创业就业的顶层设计，提出了深化高校创新创业教育改革的指导思想、基本原则和总体目标，明确了 9 项改革任务和 30 项具体措施，标志着高校创新创业教育从"以创带就"进入"双创"驱动发展的新时期，从单纯的创业教育拓展为以创新为基础的创新创业教育，让创新者实现创业，让创业者转型升级为驱动经济社会发展的人才。国家政策整体明确，规划了高校创新创业教育的衡量标准、资源集聚和平台建设，使得产学研创各方有了人员、政策和资金的支持和保障。2016 年 5 月，国务院办公厅发布《关于建设大众创业万众创新示范基地的实施意见》，进一步推动了中国创新创业教育向综合性和实效性方向发展。

　　党的二十大报告中明确指出"全面提高人才自主培养质量，着力造就拔尖创新人才"，"营造有利于科技型中小微企业成长的良好环境，推动创新链产业链资金链人才链深度融合"。培养学生的创新创业能力是贯彻国务院战略、提升现代教育质量的基本要求。创新创业教育能够提高学生的创新精神、创新能力，培养其创业热情，锻炼其创业能力，为其职业生涯发展提供基本素质保障。

　　党的二十大报告还提出新时代好青年要立志做到"有理想、敢担当、能吃苦、肯奋斗"，这是对广大学子的期许。全体大学生要把学习目标定位为树立远大的共产主义理想和成为社会主义的建设者和接班人上，"自信自强、守正创新，踔厉奋发、勇毅前行，为全面建设社会主义现代化国家、全面推进中华民族伟大复兴而团结奋斗。"

　　本书根据习近平总书记在全国教育工作大会上的讲话精神、国务院《关于深化高等教育体制改革的若干意见》以及教育部"创业基础"课程教学大纲要求编写而成。教材力求通过学习，使学生掌握创新创业的基础知识和基本理论，熟悉创新创业的基本流程和主要方法，了解创新创业形势和全国高校及社会开展的创新创业活动，开阔学生视野、增长学生见识，激发学生的创业精神、创新意识，提高学生的社会责任感和奋斗精神，培养其创业精神和创新素质，训练其创业就业的综合素质和能力，促进学生全面发展。本书以新时代大学生全面发展的综合素养培养为目标，立足于高校创新创业教学实践，理念新颖，知识丰富，突出实践与理论学习相结合的特点，符合认知和教育规律，适应当代大学生的学习特征，可模拟性和可实践性强。

目　录

第一章　创新与创新思维

第一节　创新

一、创新的概念

创新是指以现有的思维模式提出有别于常规或常人思路的见解为导向，利用现有的知识和物质条件，在特定的环境中，出于个人需要或为满足社会需求而改进或创造新的事物、方法、元素、路径、环境，并能获得一定有益效果的行为。

创新是以新思维、新发明和新描述为特征的一种概念化过程。它原意有三层含义，即更新、创造新的东西和改变。换句话讲，并不是说只有重大的发明创造才是创新，实际上，对各种产品、工作方法、商业模式、服务模式的改进等都属于创新。具体来说，创新主要包括如下几种含义：

1. 创新的目的是解决实践问题，是一项活动。

2. 创新的本质是突破传统、打破常规。

3. 创新是一个相对的概念，其价值与时间、空间有关。同样的事物在今天看来是创新，明天可能是追随，后天大多数人都接受了，可能就是传统了。创新必须在一定范围内具有领先性，有的是世界领先，有的是地区领先。

4. 创新可以在解决技术问题、经济问题和社会问题的广泛范围内发挥作用，它是每个人都可以参与的事业。

5. 创新以取得的成效为评价尺度，有成效才被认为是创新。

总之，创新是人类特有的认知能力和实践能力，是人类主观能动性的高级表现形式，是推动民族进步和社会发展的不竭动力。一个民族要想走在时代前列，不能没有理论思维，不能停止理论创新。创新在经济、商业、技术、社会学以及建筑学等领域的研究中都有着举足轻重的分量。在我国，经常用"创新"一词表示改革的结果。改革被视为经济发展的主要推动力，促进创新的因素也被视为至关重要的条件。对于创新概念的理解一般有狭义和广义两个层次。狭义的创新概念立足于把技术和经济结合起来，即创新是一个从新思想的产生到产品设计、试制、生产、营销和市场化的一系列活动。广义的创新概念力求将科学、技术、教育等与经济结合，即创新表现为不同参与者和机构(包括企业、政府、学校、科研机构等)之间交互作用的网络。在这个网络中，任何一个节点都可能成为创新行为实现的特定空间。因此，创新行为可以表现在技术、体制或知识等不同层面。

二、创新的类型

(一)产品创新

产品创新就是开发和生产出能够更好地满足顾客需要的产品，使其性能更好、外观更美，使用更便捷、更安全，总费用更低，更符合环境保护的要求。产品创新可在以下几个层面实现：

1. 开发出具有新功能的产品。

2. 产品结构方面的改进。

3. 外观方面的改进。

(二)技术创新

技术创新是指采用新的生产方法或新的原料生产产品，以达到保证质量、降低成本、保护环境或使生产过程更加安全和省力的目的。技术创新可在以下四个层面实现：

1. 工艺路线的革新，这是生产方式思路的改变。例如，用精密铸造、粉末冶金代替金属切割生产复杂的机械零件，可大大缩短生产周期、降低成本。

2. 材料替代和重组。例如，农产品过剩，农场主负债累累，政府补贴农业的财政负担过重。农民与大学合作，从环保角度出发，以农产品作为原料生产工业产品，如用玉米生产一次性水杯、餐具和包装盒，从玉米中提取燃烧用的乙醇，从大豆中提取润滑油替代石油产品，受到市场欢迎，并且得到政府给予减税和强制推行等支持。

3. 工艺装备的革新。例如，用电脑绣花机代替手工绣花；用数控机床代替手动操作机床等。

4. 操作方法的革新。例如，用更省力、更高效的操作方法代替过去一些传统的、不适应现代技术进步的操作方法。

(三)制度创新

制度创新是从社会经济角度来分析企业系统中各成员间正式关系的调整和变革。制度是组织运行方式的原则。企业制度主要包括产权制度、经营制度和管理制度三个方面的内容，这三者之间的关系错综复杂(实践中相邻的两种制度之间的划分甚至很难界定)。一般来说，一定的产权制度决定了相应的经营制度。但是，在产权制度不变的情况下，企业具体的经营方式可以不断进行调整。同样，在经营制度不变时，具体的管理规则和方法也可以不断改进。而当管理制度的改进发展到一定程度时，则会要求经营制度做出相应的调整。经营制度的不断调整，则必然会引起产权制度的革命。因此，管理制度的变化又会反作用于经营制度，经营制度的变化又会反作用于产权制度。

制度创新的方向是不断调整和优化企业所有者、经营者和劳动者三者之间的关系，使各方面的利益得到充分满足，使组织中各成员的作用得到充分发挥。

（四）职能创新

职能创新是在计划、组织、控制、协调等管理职能方面采用新的更有效的方法和手段。职能创新主要包括以下几个方面：

1. 计划的创新。
2. 控制方式的创新。
3. 用人方面的创新。
4. 激励方式的创新。
5. 协调方式的创新。

（五）结构创新

结构创新是指设计和应用新的更有效率的组织结构。结构创新按其影响系统的范围可分为技术结构的创新和经济与社会结构的创新。

1. 技术结构的创新。例如，福特公司在 20 世纪 20 年代首创流水线生产方式，让工人依次完成简单工序，大大提高了生产率，从而开创了大规模生产标准产品的工业经济时代。

2. 经济与社会结构的创新。该结构创新是指通过调整人们的责、权、利关系以提高组织效能。

（六）环境创新

环境是企业经营的土壤，同时也制约着企业的经营。环境创新不是指企业为适应外界变化而调整内部结构或活动，而是指企业通过积极的创新活动去改造环境，引导环境朝着有利于企业经营的方向变化。例如，通过企业的公关活动，影响政府政策的制定；通过企业的技术创新，影响社会技术进步的方向。

就企业来说，环境创新的主要内容是市场创新。市场创新主要是指通过企业的活动去引导消费、创造需求。新产品的开发往往被认为是企业创造市场需求的主要途径。其实，市场创新的更多内容是通过企业的营销活动来进行的，即在产品的材料、结构、性能不变的前提下，或通过市场的地理转移，或通过改进交易和支付方式，或通过揭示产品新的使用价值，或通过广告宣传等促销工作，诱发和强化消费者的购买动机，增加产品的销售量。

（七）盈利模式创新

盈利模式创新是指公司寻找全新的方式将产品和其他有价值的资源转变为现金。这种创新常常会挑战一个行业关于生产什么产品、确定怎样的价格、如何实现收入等问题的传统观念。溢价和竞拍是盈利模式创新的常用方式。

（八）网络创新

在当今互联的世界里，没有哪家公司能够独自完成所有事情。网络创新让公司可以充分利用其他公司的流程、技术、产品、渠道和品牌。悬赏或众包等开放式创新是网络创新的常用方式。

（九）流程创新

流程创新涉及公司主要产品或服务的各项生产活动和运营。这类创新需要彻底改变以往的业务经营方式，使公司具备独特的能力，高效运转，迅速适应新环境，并获得领先市场的利润率。流程创新常常是一个企业核心竞争力的重要组成部分。

（十）服务创新

服务创新保证并提高了产品的功用、性能和价值。它使产品更容易被试用或被购买；它为顾客展现了他们可能会忽视的产品特性和功用；它能够解决顾客遇到的问题并改善产品体验中的不愉快。

（十一）渠道创新

渠道创新是指将产品与顾客联系在一起的所有手段。虽然电子商务在近年来成为主导力量，但实体店等传统渠道还是发挥了其特殊的作用，特别是在创造身临其境的体验方面。渠道创新老手常常能发掘出多种互补方式，将产品和服务呈现给顾客。

（十二）品牌创新

品牌创新有助于顾客识别、记住产品，并使产品面对竞争时脱颖而出。好的品牌创新能够吸引顾客并使产品传递出与众不同的价值。

（十三）顾客契合创新

顾客契合创新就是要了解顾客的深层愿望，并利用这些了解来发展顾客与企业之间富有意义的联系。顾客契合创新开辟了广阔的探索空间，可以帮助顾客找到更好的生活方式。

综上所述，只选择一两种创新类型的简单创新不足以获得持久的成功，尤其是单纯的产品性能创新很容易被模仿、被超越。创新主体需要综合应用上述多种创新类型，才能打造可持续的竞争优势。

三、创新的过程

▸▸ 知识链接

创新源于思索，不迷信权威和坚持

英国物理学家、数学家、天文学家、自然哲学家艾萨克·牛顿少年时期就有很强的好奇心，他常常在夜晚仰望天上的星星和月亮。星星和月亮为什么挂在天上？星星和月亮都在天空运转，它们为什么不相撞呢？这些疑问激发着他的探索欲望。后来，经过潜心研究，牛顿终于发现了万有引力定律。

意大利物理学家、天文学家伽利略·伽利雷则怀疑亚里士多德"物体依本身的轻重而下落有快有慢"的结论，他凭着"自信的直觉"和多次实验，发现了自由落体规律，证明了物体下落的速度与物体的重量无关，引起了极大的震动。

中国数学家、语言学家周海中教授在探究梅森素数分布时遇到不少困难，经历多次失败，但他并不气馁。由于追求创新的欲望和坚持不懈的努力，他终于找到了这一难题的突破口。1992年，他给出了描述梅森素数分布性质的精确表达式。目前，这项重要成果被国际上命名为"周氏猜测"。

创新的"四阶段理论"是一种具有较大实用性的过程理论，是由英国心理学家沃勒斯提出的。该过程理论认为创新的发展分为准备期、酝酿期、明朗期和验证期。

（一）准备期

准备期是发现和提出问题阶段。一切创新都是从发现问题、提出问题开始的，问题的本质是现有状况与理想状况的差距。爱因斯坦认为"提出一个问题往往比解决一个问题更重要"。通常，准备期可分为以下几步：

第一，对知识和经验进行积累和整理。

第二，收集必要的事实和资料。

第三，了解所提问题的社会价值。

（二）酝酿期

酝酿期也称沉思和多方思维发散阶段。在酝酿期，我们要对收集的资料、信息进行加工处理，探索解决问题的关键。因此，该阶段常常需要耗费很长时间，花费巨大精力，是大脑高强度活动时期。在这一时期，我们要从逆向、发散、集中等各个方面进行思考，让各种设想在头脑中反复组合、交叉、撞击、渗透，按照新的方式进行加工，并且应主动使用创造性的方法，不断选择，力求形成新的创意。

为使酝酿过程更加深刻和广泛，我们还应注意把思考的范围从熟悉的领域扩大到表面上看起来没有什么联系的其他专业领域，特别是常被自己忽视的领域。这样既有利于冲破传统思维方式和权威的束缚，打破成见，独辟蹊径，又有利于获得多方面的信息，利用多学科知识交叉优势，在更高层次上把握创新活动的全局，寻找创新的突破口。

酝酿期的思维强度人，困难重重。此时，良好的意志品质和进取精神就显得格外重要，因为这是酝酿期取得进展直至突破的心理保证。创造性思维的酝酿期通常是漫长的、艰巨的，也很有可能失败，但唯有用对方法并坚持下去，才有成功的希望。

（三）明朗期

明朗期即顿悟或突破期，是指寻找到了解决办法。明朗期很短促，呈猛烈爆发状态。人们通常所说的"脱颖而出""豁然开朗""众里寻他千百度，蓦然回首，那人却在灯火阑珊处"等，都是描述这种状态。在明朗期，灵感往往起决定作用。

（四）验证期

验证期是评价阶段，是完善和充分论证阶段，是把明朗期获得的结果加以整理、完善和论证，并且进一步得到证实。假如不经过这个阶段，就不可能真正取得创新成果。这里讲的论证，既是理论上验证，也是实践中检验。验证期创业者的心理状态较平静，但需耐心、周密、慎重，不急于求成和不急功近利是非常关键的。

四、创新的原则

创新的原则就是开展创新活动所依据的法则和判断创新构思所凭借的标准。

（一）科学原理原则

创新必须遵循科学技术原理，不得违反科学发展的规律。为了使创新活动取得成功，我们进行创新构思时必须做到以下几点：

1. 对发明创造设想进行科学原理相容性检查。创新设想在转化为成果之前，应该先进行科学原理相容性检查。如果关于某一创新问题的初步设想与人们已经发现并获实践证明的科学原理不相容，则不会获得最后的创新成果。因此，与科学原理是否相容是检查创新设想有无生命力的根本条件。

2. 对发明创新设想进行技术方法可行性检查。任何事物都不能离开现有条件的制约。因此，在设想变为成果时，必须进行技术方法可行性检查。如果设想所需要的条件超过现有技术方法可行性范围，则说明该设想还只是一种空想。

3. 对创新设想进行功能方案合理性检查。任何创新的新设想在功能上都要有所创新。一项设想的功能体系是否合理，关系到该设想是否具有推广应用的价值。因此，必须对其功能方案的合理性进行检查。

（二）机理简单原则

在现有科学水平和技术条件下，如不限制实现创新方式和手段的复杂性，所付出的代价可能远远超出合理程度，使得创新的设想或结果毫无使用价值。在科技竞争日趋激烈的今天，结构复杂、功能冗余、使用烦琐已成为技术不成熟的标志。因此，在创新过程中要始终贯彻机理简单原则。为使创新的设想或结果更符合机理简单原则，可进行如下检查：

1. 新事物所依据的原理是否重叠，是否超出应有范围。
2. 新事物所拥有的结构是否复杂，是否超出应有程度。
3. 新事物所具备的功能是否冗余，是否超出应有数量。

（三）构思独特原则

在创新活动中，关于创新对象的构思是否独特，可以从以下三个方面来考察：

1. 创新构思的新颖性。

2. 创新构思的开创性。

3. 创新构思的特色性。

（四）市场评价原则

创新设想要获得最后的成果，必须经受住走向市场的严峻考验。而实现商品化和市场化要按市场评价的原则来分析，其评价通常是从市场寿命观、市场定位观、市场特色观、市场容量观、市场价格观和市场风险观六个方面入手。考察创新对象的商品化和市场化的发展前景，最基本的要点则是考察该创新的使用价值是否大于它的销售价格，也就是要看它的性能是否优良、价格是否合适。

现实中，要估计一种新产品的生产成本和销售价格不难，而要估计一种新发明的使用价值和潜在意义则很难。这需要在市场评价时把握住评价事物使用性能最基本的几个方面，然后在此基础上做出结论。

（五）相对较优原则

创新产品不可能十全十美。创新过程中会产生许多创新设想，这时，我们要按相对较优的原则，对设想进行判断选择，具体包括以下几个方面：

1. 从创新技术先进性上进行比较选择。该比较可从创新设想或成果的技术先进性上进行分析，尤其是应将创新设想与解决同样问题的已有技术手段进行比较，看谁领先。

2. 从创新经济合理性上进行比较选择。经济的合理性也是评价和判断一项创新成果的重要因素。因此，应对各种创新设想的经济情况进行比较，看谁合理并节省成本。

3. 从创新整体效果性上进行比较选择。技术和经济应该相互支持、相互促进，它们的协调统一构成事物的整体效果性。任何创新的设想和成果，其使用价值和创新水平主要是通过它的整体效果体现出来的。因此，我们要对它们的整体效果要进行比较，看谁全面和优秀。

第二节　创新思维的培养

创新思维是指人们根据社会和个体生活发展的需要，引起创造前所未有的事物或观念的动机，并在创造活动中表现出的意向、愿望和设想。它是人类意识活动中的一种积极的、富有成果的表现形式，是人们进行创造活动的出发点和内在动力。

创新思维包括创造动机、创造兴趣、创造情感和创造意志。创造动机是创造活动的动力因素，它能推动和激励人们发动和维持创造性活动。创造兴趣能促进创造活动的成功，是促使人们积极探求新奇事物的心理倾向。创造情感是引起、推进乃至完成创造的心理因素，只有具有正确的创造情感才能使创造成功。创造意志是在创造中克服困难、冲破阻碍的心理因素，它具有目的性、顽强性和自制性等特点。

创新是一个民族进步的灵魂，是一个国家兴旺发达的不竭动力。创新思维是人类最高层次的思维，它是创新教育的核心。培养学生的创新精神必须着力于培养学生的创新思维能力。21 世纪是知识经济时代，知识经济的本质就是创新，培养创新思维是时代对大学生提出的基本要求，也是大学生必备的素质。大学生创新思维的培养应着重从以下三个方面入手：

一、充分激发创新思维潜能

（一）理论与实践相结合

唯有理论与实践相结合，理论才有意义。大学生不应死读书、读死书，只有精通理论，才可能去改进实践，只有拥有丰富的实践经验，才可能产生新的理论。

（二）处处留心皆学问

学习绝不仅限于课堂和读书，事实上，学习无处不在，与他人交流是学习，上网是学习，看电视也是学习，其关键在于我们是不是用心。例如，看古装电视剧，我们可以了解一些历史知识，如古人的习俗、衣着、饮食习惯、家具陈设等；看现代电视剧可以了解当代年轻人所思所想所为等。

（三）精通所学，拓展兴趣

创新绝不是无本之木、无源之水，唯有打牢知识基础，创新才有可能。因此，大学生应精通所学核心课程，并培养广泛的阅读兴趣。

（四）增强创新斗志

大学生要强化自己的创新意识，精神奋发，斗志昂扬，敢于打破对传统、权威、书本的迷思，敢走前人没有走过的路，敢创前人没有开创的新事业。

（五）打破砂锅问到底

大学生要培养自己的创新意识，应富有怀疑精神，探究各种事物的本源及其实质，打破砂锅问到底。

二、破除创新思维枷锁

（一）经验型思维枷锁

经验是相对稳定的东西，然而经验的稳定性又可能导致人们对经验的过分依赖乃至崇拜，从而形成固定的思维模式，削弱大脑的想象力，降低创新思维能力。从思维的角度来说，经验具有很大的狭隘性，束缚了人的思维广度。而创新思维要求大学生必须拓展思路，受的束缚越少越好。

（二）自我贬低型思维枷锁

有的学生做事没有信心，总认为"我不行，我做不到"，从而不敢去尝试。因此，及时打破这种思维枷锁，从内心深处树立起信心，大学生才会发现自己的潜力，才能勇于冲破思维局限，走进创新的世界。

（三）从众型思维枷锁

大多数人都有从众心理，即人云亦云。这种跟在别人后面消极的思维永远是滞后的，没有新意的。

（四）权威型思维枷锁

权威枷锁是指思维中的权威定式。人是教育的产物，来自教育的权威定式使人们逐渐习惯以权威的是非为是非，对权威的言论不加思考地盲信盲从，唯独缺少自我思索、冲破权威、勇于创新的意识。一味盲从权威，大学生的思维就失去了积极主动性。

（五）书本型思维枷锁

书本是系统化、理论化的知识，是千百年来人类经验和体悟的结晶，它可以带给我们无穷多的好处，但如果我们一味地死读书，就会适得其反。大学生不应该成为书本的奴隶，而应该活学活用，善于驾驭知识，理论联系实际。

三、积极投身社会实践

要开发大学生的创新思维，培养大学生的创新能力，就必须让其投身社会实践。每项发明，不论是成功还是失败，都是无数次创新思维实践过程的组合。

目前，针对大学生创新思维的培养，高校应多组织行之有效的社会实践活动，让广大学生在课堂学习之余走向社会，融入实践劳动，进行创新思维锻炼。只有在实践中才能找出想与做的差距，只有在实践中才能将创新理念变为现实，也只有在实践中才能让大学生的创新意识、创新能力得到真正的发展。

第三节　创新思维和创新方法

思维是指在表象、概念的基础上进行分析、综合、判断、推理等认识活动的过程，或者说是指向理性的各种认识活动。

创新思维是一种有创见的思维，即人脑对客观事物未知成分进行探索的活动，是人脑发现和提出新问题、设计新方法、开创新途径、解决新问题的活动。

一、创新思维的特征

（一）独创性或新颖性

创新思维贵在创新，具有一定范围内的首创性、开拓性。具有创造性思维的人，对事物具有浓厚的创新兴趣，在实际活动中善于打破思维常规，对平稳有序发展的事物进行重新认识，以求新的发现，这种发现就是一种新的见解和新的突破。

（二）灵活性

创新思维并无现成的思维方法和程序可循，方式、方法、程序、途径等都没有固定的框架。进行创造性思维活动的人在考虑问题时可以迅速地从一个思路转向另一个思路，从一种意境进入另一种意境，多方位地寻求解决问题的办法。这样，创新思维活动就表现出其极大的灵活性。

（三）艺术性和特殊性

创新思维活动是一种开放的、灵活多变的思维活动，它的发生伴随有"想象""直觉""灵感"之类的非规范思维活动。这往往因人而异、因时而异、因问题和对象而异，所以创新思维活动具有极大的特殊性、随机性和技巧性，他人不可以完全模仿。创新思维活动的上述特点同艺术活动有相似之处。艺术活动就是每个人充分发挥自己的才能，包括利用直觉、灵感、想象等非理性手段。

（四）对象的潜在性

创新思维活动从现实的活动和客体出发，但它的指向不是现存的客体，而是一个潜在的、尚未被认识和实践的对象。该对象或者是刚刚进入人类的实践范围，尚未被人类所认识的客体，人们只能猜测它的存在状况；或者是人们虽然有了一定的认识，但认识尚不完全，还可以从深度和广度上进一步认识的客体。这两类客体无疑都带有潜在性。

（五）风险性

由于创新思维活动是一种探索未知的活动，因此受到多种因素的限制和影响，如事物发展及其本质暴露的程度、实践的条件与水平、认识的水平与能力等，这就决定了创造性思维并不能每次都能取得成功，甚至有可能毫无成效或者做出错误的结论。创新思维是风险与机会并存的活动。消除了风险，创造性思维活动就变成习惯性思维活动。

二、创新思维的表现形式

创新思维的关键在于怎样具体地去进行创造性的活动。创新思维的重要诀窍在于多角度、多侧面地看待和处理事物和问题，具体表现在以下几个方面：

（一）理论思维

理论一般可理解为阐述原理的体系，是系统化的理性认识。理论思维是指使理性认识系统化的思维形式。这种思维形式在实践中应用很多，如系统工程就是运用系统理论思维来处理一个系统内和各个有关问题的一种管理方法。理论思维是一种基本的思维形式。因此，为了把握创新规律，就要认真研究理论思维活动的规律，特别是创新性理论思维的规律。

（二）多向思维

多向思维也叫发散思维、辐射思维或扩散思维。它是指在对某一问题或事物的思考过程中，不拘泥于一点或一条线索，而是从仅有的信息中尽可能向多方向扩展，不受已经确定的方式、方法、规则和范围等的约束，并且从这种扩散的思考中求得常规的和非常规的多种设想的思维。人的多向性思维能力是可以通过锻炼而提高的，其要点是：遇事要大胆地敞开思路，不要只考虑实际不实际、可行不可行；要努力提高多向思维的质量，单向发散只能说是低水平的发散；坚持思维的独特性是提高多向思维质量的前提，重复自己脑子里传统的或定型的东西是不会发散出独特性思维的。

（三）侧向思维

当在一定的条件下解决不了问题，或虽能解决但只是用习以为常的方案时，我们可以考虑用侧向思维来产生创新性的突破。具体运用方式有以下三种：

1. 侧向移入。这是指跳出本专业、本行业的范围，摆脱习惯性思维，侧视其他方向，将注意力引向更广阔的领域或者将其他领域已成熟的技术方法、原理等直接移植过来加以利用；或者从其他领域事物的特征、属性、机理中得到启发，引发对原来思考的创新设想。

2. 侧向转换。这是指不按最初设想或常规直接解决问题，而是将问题转换成为侧面的其他问题，或将解决问题的手段转为侧面的其他手段。这种思维方式在创新发明中常常被使用。

3. 侧向移出。与侧向移入相反，侧向移出是指将现有的设想、已取得的发明、已有的感兴趣的技术和产品，从现有的使用领域、使用对象中摆脱出来，将其外推到其他意想不到的领域或对象上。这也是一种立足于跳出本领域、克服线性思维的思考方式。

（四）逆向思维

人们在认识事物的过程中，实际上是同时与其正反两个方面打交道，只不过由于日常生活中人们往往养成一种习惯性思维方式，即只看其中的一方面，而忽视另一方面。我们如果逆转一下正常的思路，从反面想问题，便能得出一些创新性的设想。这便是逆向思维，它具有以下特点：

1. 普遍性。逆向与正向是比较而言的，正向是指常规的、常识的、公认的或习惯的想法与做法。逆向思维则恰恰相反，是对传统、惯例、常识的挑战，能够克服思维定式，破除由经验和习惯造成的僵化的认识模式。逆向思维在各种领域、各种活动中都有适用性。由于对立统一规律是普遍适用的，对立统一的形式又是多种多样的，因此，有一种对立统一的形式，相应地就有一种逆向思维的角度，所以，逆向思维也有多种形式。

2. 新颖性。循规蹈矩的思维和按传统方式解决问题虽然简单，但容易使思路僵化、刻板，摆脱不掉习惯的束缚，得到的往往是一些司空见惯的答案。其实，任何事物都具有多方面属性。由于受过去经验的影响，人们容易看到熟悉的一面，而对另一面视而不见。逆向思维能克服这一障碍，给人耳目一新的感觉。

（五）联想思维

联想思维是指由某一事物联想到另一种事物而产生认识的心理过程，即由所感知或所思的事物、概念或现象的刺激而想到其他的与之有关的事物、概念或现象的思维过程。联想是每一个正常人都具有的思维本能。联想的主要素材和触媒是表象或形象。表象是人们对事物感知后留下的印象，即感知后的事物不在面前而在头脑中再现出来。表象有个别表象、概括表象与想象表象之分，联想主要涉及前两种。

（六）形象思维

形象思维就是依据生活中的各种现象加以选择、分析、综合，然后进行艺术塑造的思维方式。它可以被归纳为与传统逻辑有别的非逻辑思维。严格地说，联想只完成了从一类表象过渡到另一类表象，它本身并不包含对表象进行加工制作的处理过程，而只有当联想发展为创新性的形象活动时，才会产生创新性的成果。不同类型的形象，其具体物质特征可能不尽相同，但它们作为同一种思维方式，有以下三个共同特点：

1. 形象性。通过社会生活与实践，将丰富多彩的事物形象储存于记忆中形成表象，这构成想象的素材。想象的过程是以表象或意象的分析和选择为基础的综合过程。想象所运用的表象以及产生的形象都是具体的、直观的。即使在研究抽象的科学理论时，也可以利用想象把思想具体化为某种视觉化的图像，将问题和设想在头脑中转换成形象，用活动的形象来思考。抽象的理论或概念在思维过程中往往带有僵硬性，它的内容变化比较缓慢，常适应不了新的问题变化的要求。同时，在思维中概念的运用也要受逻辑框框的束缚，而直观的形象在思维过程中较概念更灵活，较少有保守性。

2. 创新性。由于形象带有浓烈的主观随意性和感情色彩，所以它就表现出丰富多彩的创新性。它可以加工表象，而多样式性的加工本身就是创新，如可以按主观需求或幻想分解或打乱表象、强化表象等。

3. 概括性与幻想性。运用形象的思维活动并不是一种感性认识形式，而是具有形象概括性的理性认识形式，是由感性经过一系列的提炼而来的。与概括性互补的是形象中包含的猜想与幻想成分。它们是一种高于感知和表象的崭新意识活动。它更能在不确定情况下发挥人们创新性探索的积极性，有助于突破直接的现实感性材料的局限。

（七）纵向思维

纵向思维又称纵深思维或纵深思考，就是按照既定目标、方向，在现有基础上，向纵深领域深化、挖掘的一种创新思维方式。

纵深思考的创新思维方法不仅对发明创造有帮助，而且对我们加强品德修养、塑造人格形象也起到不可低估的影响。

（八）求异思维

所谓求异思维，是指思维主体对某一研究问题求解时不受已有信息或以往思路的限制，从不同方向、不同角度去寻求解决问题的答案的一种思维方式。

求异思维方法的内核是积极求异、灵活生异、多点创异，最后形成异彩纷呈的新思路、新见解。可以说，求异思维方法是孕育一切创新的源头。科学技术史上许多发现或发明就是运用这种思维方式的结果。

三、创新方法

创新方法是指创新活动中带有普遍性和规律性的方法和技巧。创新方法一直为世界各国所重视，在美国被称为创造力工程，在日本被称为发明技法，在俄罗斯被称为创造力技术或专家技术。我国学者认为创新方法是科学思维、科学方法和科学工具的总称。其中，科学思维是一切科学研究和技术发展的起点，始终贯穿于科学研究和技术发展的全过程，是科学技术取得突破性、革命性进展的先决条件。

科学方法是人们进行创新活动的创新思维、创新规律和创新机理，是实现科学技术跨越式发展和提高自主创新能力的重要基础。科学工具是开展科学研究和实现创新的必要手段和媒介，是最重要的科技资源。由此可见，创新方法既包含实现技术创新的方法，也包含实现管理创新的方法。目前，主要的创新方法有头脑风暴法、"5W2H"分析法、六顶思考帽法、奥斯本检核表法、综摄法等。

（一）头脑风暴法

头脑风暴法又称智力激励法或自由思考法。头脑风暴法出自"头脑风暴"一词。所谓头脑风暴，最早是精神病理学上的用语，是针对精神病患者的精神错乱状态而言的，而现在则成为"无限制的自由联想和讨论"的代名词，其目的在于产生新观念或激发创新设想。

头脑风暴法是由美国创造学家 A. F. 奥斯本于 1939 年首次提出、1953 年正式发表的一种激发性思维的方法。此法经各国创造学研究者的实践和发展，至今已经形成了一个发明技法群，如奥斯本智力激励法、默写式智力激励法、卡片式智力激励法等。

头脑风暴法可分为直接头脑风暴法(通常简称为头脑风暴法)和质疑头脑风暴法(也称反头脑风暴法)。前者是在专家群体决策中尽可能激发其创造性，产生尽可能多的设想，后者则是对前者提出的设想、方案逐一质疑，分析其现实可行性。

采用头脑风暴法组织群体决策时，要集中有关专家召开专题会议，主持者以明确的方式向所有参与者阐明问题，说明会议的规则，尽可能创造融洽、轻松的会议气氛。主持者一般不发表意见，以免影响会议的自由气氛，而由专家们提出尽可能多的方案。

1. 头脑风暴法的激发机理

头脑风暴何以能激发创新思维？根据奥斯本及其他研究者的看法，主要有以下四点：

第一，联想反应。联想是产生新观念的基本过程。在集体讨论问题的过程中，每提出一个新的观念，都能引发他人的联想，相继产生一连串的新观念和连锁反应，形成新观念堆，为创造性地解决问题提供了更多的可能性。

第二，热情感染。在不受任何限制的情况下，集体讨论问题能激发人的热情。人人自由发言、相互影响、相互感染，能形成热潮，突破固有观念的束缚，最大限度地发挥创造性思维能力。

第三，竞争意识。在有竞争意识的情况下，人人争先恐后、竞相发言，不断开动思维机器，力求得出独到见解、新奇观念。心理学原理告诉我们，人类有争强好胜的心理，在有竞争意识的情况下，人的心理活动效率可增加50%或更多。

第四，个人欲望。在集体讨论解决问题过程中，个人的自由欲望不受任何干扰和控制是非常重要的。头脑风暴法有一条原则：不得批评仓促的发言，甚至不许有任何怀疑的表情、动作和神色。这就能使每个人畅所欲言，提出大量的新观念。

2. 头脑风暴法成功的关键

头脑风暴法成功的关键是探讨方式，即群体能进行充分、非评价性和无偏见的交流，具体可归纳为以下几点：

(1)自由畅谈。参加者不应该受任何条条框框的限制，放松思想，让思维自由驰骋，从不同角度、不同层次、不同方位大胆地展开想象，尽可能地标新立异、与众不同，提出独创性的想法。

(2)延迟评判。头脑风暴必须坚持当场不对任何设想做出评价的原则，既不肯定某个设想，又不否定某个设想，也不对某个设想发表评论性的意见，一切评价和判断都要延迟到会议结束以后才能进行。这样做一方面是为了防止评判约束与会者的积极思维，破坏自由畅谈的有利气氛；另一方面是为了集中精力先开发设想，避免把应该在后阶段做的工作提前进行，影响创造性设想的产生。

(3)禁止批评。绝对禁止批评是头脑风暴法应该遵循的一个重要原则。参加头脑风暴会议的每个人都不得对别人的设想提出批评意见，因为批评对创造性思维无疑会产生抑制作用。即使认为是幼稚的、错误的甚至是荒诞离奇的设想，亦不得予以驳斥。同时，发言人的自我批评也在禁止之列。有些人习惯于用一些自谦之词，这些自我批评性质的说法同样会破坏会场气氛，影响自由畅想。诸如"这根本行不通""你这想法太陈旧了""这是不可能的""这不符合某某定律""我提一个不成熟的看法""我有一个不一定行得通的想法"等语句，禁止在会议上出现。

(4)追求数量。头脑风暴会议的目标是获得尽可能多的设想，追求数量是它的首要任务。参加会议的每个人都要抓紧时间多思考，多提设想。至于设想的质量问题，可以留到会后的设想处理阶段去解决。在某种意义上，设想的质量和数量密切相关，产生的设想越多，其中的创造性设想就可能越多。

3. 头脑风暴法的操作程序

（1）准备阶段

头脑风暴法的主持工作最好由对决策问题的背景比较了解并熟悉头脑风暴法的处理程序和处理方法的人担任。头脑风暴主持人的发言应能激发参加者的思维"灵感"，促使参加者回答会议提出的问题。

主持人应事先对所议问题进行一定的研究，弄清问题的实质，找到问题的关键，设定解决问题所要达到的目标。同时，主持人要选定与会人员，一般以5～10人为宜，然后将会议的时间、地点、要解决的问题、可供参考的资料和设想、需要达到的目标等事宜一并提前通知与会人员，让大家做好充分的准备。

通常，可按照如下原则选取与会人员：

第一，如果参加者相互认识，要从同一职位（职称或级别）的人员中选取。领导人员不应参加，否则可能会对参加者造成某种压力。

第二，如果参加者互不认识，可从不同职位（职称或级别）的人员中选取。这时不应宣布参加者的职位，应同等对待所有参加者。

第三，参加者的专业应力求与所论及的决策问题相一致，这并不是专家组成员的必要条件。但是，专家中最好包括一些学识渊博、对所论及问题有较深理解的其他领域的专家。此外，头脑风暴法的所有参加者都应具备较高的联想思维能力。

（2）热身阶段

这个阶段的目的是创造一种自由、宽松、祥和的氛围，使大家得以放松，进入一种无拘无束的状态。主持人宣布开会后，先说明会议的规则，然后随便谈点有趣的话题，让大家的思维处于轻松和活跃的状态，这个时间需要5～10分钟。如果所提问题与会议主题有着某种联系，人们便会轻松自如地导入会议议题，效果自然更好。

一旦参加者被鼓励起来，新的设想就会源源不断地涌现出来。这时，主持人只需根据头脑风暴的原则进行适当引导即可。发言量越大，意见越多种多样，所论问题越广越深，出现有价值设想的概率就越大。

（3）明确问题阶段

主持人简明扼要地介绍有待解决的问题，不可过分详细，否则，过多的信息会限制参加者的思维，干扰思维创新的想象力。

（4）重新表述问题阶段

经过一系列讨论后，大家对问题已经有了较深程度的理解。这时，为了使大家对问题的表述能够具有新角度、新思维，主持人要记录大家的发言，并对发言记录进行整理。对记录的整理和归纳，能够帮助找出富有创意的见解和具有启发性的表述，供下一步畅谈时参考。

（5）畅谈阶段

第一，不要私下交谈，以免分散注意力。

第二，不能妨碍他人发言，不去评论他人发言，只谈自己的想法。

第三，发表见解时要简单明了，一次发言只谈一种见解。

（6）筛选阶段

会议结束后的一两天内，主持人应向与会者了解大家会后的新想法和新思路，以此补充会议记录；然后，将大家的想法整理成若干方案，再根据相关标准进行筛选；最后，经过多次反复比较和优中择优，最后确定1～3个最佳方案。这些最佳方案往往是多种创意的优势组合，是大家集体智慧的结晶。

4. 头脑风暴法的主持人技巧

（1）主持人应懂得各种创造思维和技法，会前要多向与会者重申会议应严守的原则和纪律，善于激发成员思考，使场面轻松活跃而又不失脑力激荡。

（2）可轮流发言，每轮每人简明扼要地说清楚一个创意设想，避免形成辩论会和发言不均。

（3）要以赏识激励的语气和微笑点头的行为语言鼓励与会者多提设想，如"对，就是这样！""太棒了！""好主意！这一点对开阔思路很有好处！"等。

（4）禁止使用"这点别人已说过了！""实际情况会怎样呢？""请解释一下你的意思""就这一点有用""我不赞赏那种观点"等。

（5）经常强调设想的数量，如平均3分钟内要发表10个设想。

（6）遇到讨论暂时停滞时，可采取一些措施，如休息几分钟，或给每人发一张与问题无关的图画，要求讲出从图画中所获得的灵感。

（7）根据课题和实际情况需要，引导大家掀起脑力激荡的高潮。如课题是讨论某产品的进一步开发，大家可以从思考改进配方、降低成本、扩大销售等方面思考。又如，对某一问题解决方案的讨论，主持人可以引导大家进行设想开发，适时引导进入设想论证环节。

（8）要掌握好时间，会议持续1小时左右，形成的设想应不少于100种。但最好的设想往往是在会议要结束时提出的，因此，预定结束的时间到了后可以根据情况再延长5分钟。如果在1分钟时间内再没有新主意、新观点出现，主持人可以宣布会议结束或告一段落。

▶▶ 知识链接

坐飞机扫雪

有一年，美国北方格外严寒，大雪纷飞，电线上积满冰雪，有的被积雪压断，严重影响通信。过去，许多人试图解决这一问题，但都未能如愿以偿。后来，电信公司经理为解决这一难题，召开了一次头脑风暴座谈会。参加会议的是不同专业的技术人员，经理要求他们必须遵守以下原则：

第一，自由思考。即要求与会者尽可能解放思想，无拘无束地思考问题并畅所欲言，不必顾虑自己的想法是否"离经叛道"或"荒唐可笑"。

第二，延迟评判。即要求与会者在会上不要对他人的设想评头论足。至于对设想的评判，留在会后组织专人考虑。

第三，以量求质。即鼓励与会者尽可能多而广地提出设想，以大量的设想来保证质量较高设想的存在。

第四，结合改善。即鼓励与会者积极进行智力互补，在增加自己提出设想的同时，注意思考如何把两个或更多的设想结合成另一个更完善的设想。

按照这种会议规则，大家七嘴八舌地议论开来，有人提出设计一种专用的电线清雪机；有人想到用电热来化解冰雪；也有人建议用振荡技术来清除积雪；还有人提出能否带上几把大扫帚，乘直升机去扫电线上的积雪。对于这种"坐飞机扫雪"的想法，大家心里尽管觉得滑稽可笑，但在会上也无人提出批评。相反，有一位工程师在百思不得其解时，听到用飞机扫雪的想法后，大脑突然受到冲击，一种简单可行且高效率的清雪方法冒了出来。他想，每当大雪过后，出动直升机沿积雪严重的电线飞行，依靠调整旋转的螺旋桨即可将电线上的积雪迅速扇落。他马上提出"用干扰机扇雪"的新设想，顿时又引起其他与会者的联想。有关用飞机除雪的主意一下子又多了七八条。不到 1 小时，与会的 10 名技术人员共提出 90 多条新设想。

会后，公司组织专家对设想进行分类论证。专家们认为设计专用清雪机、采用电热或电磁振荡等方法清除电线上的积雪在技术上虽然可行，但研制费用大周期长，一时难以见效。那几种因"坐飞机扫雪"激发出来的设想倒是一种大胆的新方案，如果可行，将是一种既简单又高效的好办法。

经过现场试验，直升机扇雪的办法真能奏效。一个久悬未决的难题，终于在头脑风暴会中得到了巧妙的解决。随着创造活动的复杂化和课题涉及技术的多元化，单枪匹马式的冥思苦想将变得软弱无力，"群起而攻之"的战术则显示出攻无不克的威力。

(二)"5W2H"分析法

"5W2H"分析法由第二次世界大战中美国陆军兵器修理部首创。该法简单、方便，易于理解、使用，富有启发意义，被广泛用于企业管理和技术活动，对于决策和执行性的活动措施非常有帮助，也有助于弥补考虑问题的疏漏。

1."5W2H"分析法的具体内容

发明者用五个以"W"开头的英语单词和两个以"H"开头的英语单词进行设问，发现解决问题的线索，寻找发明思路，进行设计构思，从而产生新的发明项目，这就是"5W2H"分析法，如图1-1所示。

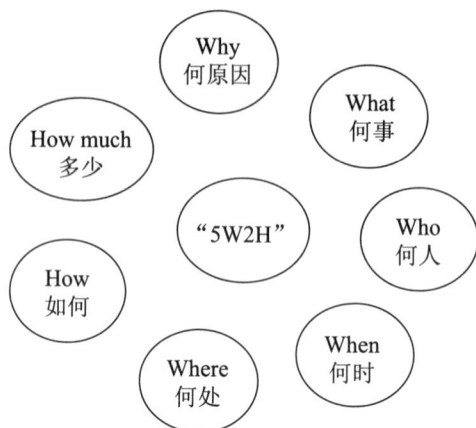

图1-1 "5W2H"分析法

（1）What——是什么？目的是什么？做什么工作？

（2）Who——谁？由谁来承担？谁来完成？谁负责？

（3）Why——为什么？为什么要这么做？理由何在？原因是什么？为什么造成这样的结果？

（4）When——何时？什么时间完成？什么时机最适宜？

（5）Where——何处？在哪里做？从哪里入手？

（6）How——怎么做？如何提高效率？如何实施？方法怎样？

（7）How much——多少？做到什么程度？数量如何？质量水平如何？费用产出如何？

提出疑问对发现问题和解决问题是极其重要的。创造力高的人，都具有善于提问题的能力。众所周知，提出一个好的问题，就意味着问题解决了一半。提问题的技巧高，可以发挥人的想象力。

在发明设计中，对问题不敏感、看不出毛病是与平时不善于提问有密切关系的。对一个问题追根刨底，有可能发现新的知识和新的疑问。所以，从根本上说，想要创新，首先要学会提问，善于提问。

2."5W2H"分析法的应用程序

下面以检查原产品的合理性为例，说明"5W2H"分析法的应用程序。

（1）检查原产品的合理性

①为什么（Why）

为什么采用这个技术参数？为什么不能有响声？为什么停用？为什么变成红色？为什么要做成这个形状？为什么采用机器代替人力？为什么产品的制造要经过这么多环节？为什么非做不可？

②做什么（What）

条件是什么？哪一部分工作要做？目的是什么？重点是什么？与什么有关系？功

能是什么？规范是什么？工作对象是什么？

③谁（Who）

谁来办最方便？谁会生产？谁是顾客？谁被忽略了？谁是决策人？谁会受益？

④何时（When）

何时安装？何时销售？何时是最佳营业时间？何时工作人员容易疲劳？何时产量最高？何时完成最为时宜？需要几天才算合理？

⑤何地（Where）

何处生产最经济？从何处买？还有什么地方可以作为销售点？安装在什么地方最合适？何地有资源？

⑥怎样（How）

怎样做最省力？怎样做最快？怎样做效率最高？怎样改进？怎样避免失败？怎样求发展？怎样增加销路？怎样达到效率？怎样才能使产品更加美观大方？怎样使产品用起来方便？

⑦多少（How much）

功能指标达到多少？销售多少？成本多少？输出功率多少？效率多高？尺寸多少？重量多少？

（2）帮助找出主要优缺点

如果现行的做法或产品经过 7 个问题的审核已无懈可击，便可认为这一做法或产品可行。如果 7 个问题中有一个答复不能令人满意，则表示这方面有改进余地。如果哪方面的答复有独创的优点，则可以扩大产品这方面的效用。

（3）促进设计新产品

"5W2H"的思维方式，换种说法，就是管理的精确化、数字化，这不只限于执行工作指令时有用，还可以运用到管理的其他方面。在做任何事情的时候，头脑中都有如此精确化、数字化的概念，才能避免在工作中盲目冲动或感情用事。比如在审查一个改善方案是否有实施价值的时候，只要做一个"5W2H"的比较评价，立刻就会明白是否值得去做。

（三）六顶思考帽法

六顶思考帽法是爱德华·德·博诺博士开发的一种思维训练模式，或者说是一个全面思考问题的模型。它提供了"平行思维"的工具，避免将时间浪费在互相争执上。它强调"能够成为什么"，而非"本身是什么"，旨在寻求一条向前发展的路，而不是争论谁对谁错。运用六顶思考帽法，将会使混乱的思考变得清晰，使团体中无意义的争论变成集思广益的创造，使每个人变得富有创造性。

1. 六顶思考帽分类

六顶思考帽是指使用 6 种不同颜色的帽子代表 6 种不同的思维模式，如图 1-2 所示。任何人都有能力使用以下 6 种基本思维模式。

（1）白色思考帽。白色是中立而客观的。戴上白色思考帽，人们关注的是客观事实和数据。

（2）绿色思考帽。绿色代表茵茵芳草，象征勃勃生机。绿色思考帽寓意创造力和想象力，它具有创造性思考、头脑风暴、求异思维等功能。

（3）黄色思考帽。黄色代表价值与肯定。戴上黄色思考帽，人们能从正面考虑问题，表达乐观的、满怀希望的、建设性的观点。

（4）黑色思考帽。戴上黑色思考帽，人们可以运用否定、怀疑、质疑的看法，合乎逻辑地进行批判，尽情发表意见，找出逻辑上的错误。

（5）红色思考帽。戴上红色思考帽，人们可以表达自己的情绪，还可以表达直觉、感受、预感等。

（6）蓝色思考帽。蓝色思考帽负责控制和调节思维过程。负责控制各种思考帽的使用顺序，规划和管理整个思考过程，并负责做出结论。

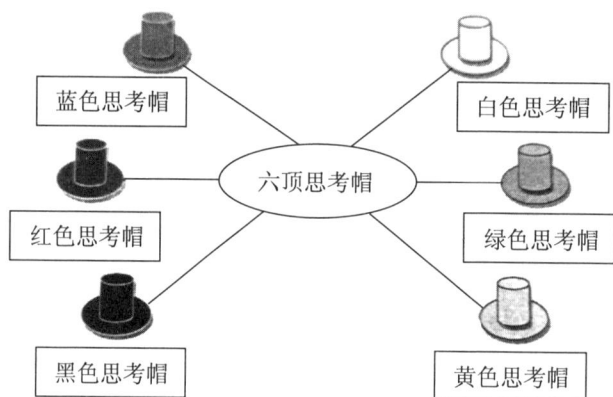

图 1-2　六顶思考帽

六顶思考帽法是一个操作简单、经过反复验证的思维工具，它给人以热情、勇气和创造力，让每次会议、每次讨论、每份报告、每个决策都充满新意和生命力。这个工具能够帮助人们提出建设性的观点、聆听别人的观点、从不同角度思考同一个问题，从而创造高效能的解决方案、用"平行思维"取代批判式思维和垂直思维、提高团队成员集思广益的能力。

2. 应用步骤

下面以六顶思考帽法考虑我们工作中存在的问题为例，简要介绍六顶思考帽法的应用步骤。

（1）运用白色思考帽来思考、搜集各环节的信息，收集各个部门存在的问题，获得基础数据。

（2）戴上绿色思考帽，用创新思维来考虑这些问题，不是一个人思考，而是各级别管理人员都用创新的思维去思考，提出各自解决问题的办法和建议。

（3）分别戴上黄色思考帽和黑色思考帽，对所有的想法从正面和负面两个角度进行分析，对每种想法的危险性和隐患进行分析，找出最佳切合点。

（4）戴上红色思考帽，从经验、直觉上对已经过滤的问题进行分析、筛选，从而做出决定。

（5）在思考过程中，还应随时运用蓝色思考帽对思考的顺序进行调整和控制，甚至有时还需要刹车。

（四）奥斯本检核表法

所谓检核表法是指根据研究对象的特点列出有关问题，形成检核表，然后一个一个地来核对讨论，从而发掘出解决问题的设想。

1. 奥斯本检核表法概述

A. F. 奥斯本在1941年出版的创新学专著《创造性想象》中提出了奥斯本检核表法。奥斯本检核表法是针对某种特定要求制定的检核表，主要用于新产品的研制开发。奥斯本检核表法引导主体在创造过程中对照有无其他用途、能否借用、能否改变、能否扩大、能否缩小、能否代用、能否重新调整、能否颠倒、能否组合9个方面的问题进行思考，以便启迪思路、开拓思维想象的空间，促进人们产生新设想、新方案。

奥斯本检核表法是一种促进创意产生的方法。在众多的创造技法中，这种方法是一种效果比较理想的技法。人们运用这种方法，产生了很多杰出的创意以及大量的发明创造。

2. 奥斯本检核表法的优势

奥斯本检核表法是一种具有较强启发创新思维的方法，这是因为它强制人们去思考，有利于突破一些人不愿提问题或不善于提问题的心理障碍。提问，尤其是提出有创见的新问题本身就是一种创新。它又是一种多向发散的思考方式，使人的思维角度、思维目标更丰富。另外，核检思考提供了创新活动最基本的思路，可以使创新者尽快集中精力，朝提示的目标去构想和创新。

奥斯本检核表法有利于提高发现创新的成功率。创新发明的最大敌人是思维的惰性，大部分人的思维总是自觉或不自觉地沿着长期形成的思维模式来看待事物，对问题不敏感，即使看出了事物的缺陷和毛病，也懒得去进一步思索。奥斯本检核表法的设计特点之一是多向思维，用多条提示引导你去发散思考。

利用奥斯本检核表法，可以产生大量的原始思路和原始创意，它对人们的发散思维有很大的启发作用。当然，运用此方法时还要注意几个问题：首先，它要和具体的知识经验相结合。奥斯本只是提示了思考的一般角度和思路，思路的发展还要依赖人们的具体思考。其次，还要结合改进对象（方案或产品）来进行思考。最后，运用此方法时还可以自行设计大量的问题来提问，提出的问题越新颖，得到的主意就越有创意。

3. 奥斯本检核表法的实施过程

奥斯本检核表法的核心是改进，或者说，通过变化来改进。其基本做法是：首先选定一个要改进的产品或方案；其次，面对需要改进的产品或方案，从不同角度提出一系列的问题，并由此产生大量的思路；最后，根据第二步提出的思路，进行筛选和进一步思考、完善。

(1)实施步骤

第一，根据创新对象明确需要解决的问题。

第二，根据需要解决的问题，参照表中列出的问题，运用丰富想象力，强制性地一个个核对讨论，写出新设想。

第三，对新设想进行筛选，将最有价值和创新性的设想筛选出来。

(2)注意事项

第一，要联系实际一条一条地进行核检，不要有遗漏。

第二，要多核检几遍，效果会更好，或许会更准确地选择出所需创新、发明的方面。

第三，在检核每项内容时，要尽可能地发挥自己的想象力和联想力，产生更多的创造性设想。进行检索思考时，可以将每类问题作为一种单独的创新方法来运用。

第四，核检方式可根据需要进行一人核检或多人共同核检。集体核检可以互相激励，产生头脑风暴。

4.奥斯本检核表法存在的问题

奥斯本的检核表法属于横向思维，以直观、直接的方式激发思维活动，操作十分方便，效果也相当好。以下9组问题对于任何领域创造性地解决问题都是适用的。这些问题不是奥斯本凭空想象的，而是他在研究和总结大量科学发现、发明、创造事例的基础上归纳出来的。

(1)现有的东西(如发明、材料、方法等)有无其他用途？保持原状不变能否扩大用途？稍加改变，有无别的用途？

人们从事创造活动时，往往沿两条途径：一种是当某个目标确定后，沿着从目标到方法的途径，根据目标找出达到目标的方法；另一种则与此相反，首先发现事实，然后想象这一事实能起什么作用，即从方法入手将思维引向目标。后一种方法是人们最常用的，而且随着科学技术的发展，这种方法将越来越广泛地得到应用。

(2)能否从别处得到启发？能否借用别处的经验或发明？外界有无相似的想法，能否借鉴？过去有无类似的东西，有什么东西可供模仿？谁的东西可供模仿？现有的发明能否引入其他的创造性设想之中？

当伦琴发现X射线时，并没有预见到这种射线的任何用途。通过联想借鉴，现在外科医生用它来观察人体的内部情况。同样，电灯在开始时只用来照明，后来，人们改进了光线的波长，发明了紫外线灯、红外线加热灯等。科学技术的重大进步不仅表现在某些科学技术难题的突破上，也表现在科学技术成果的推广应用上。一种新产品、新工艺、新材料，必将随着它越来越多的新应用而显示其生命力。

(3)现有的东西是否可以做某些改变？改变一下会怎么样？改变之后，效果又将如何？

如汽车，有时改变一下车身的颜色，就会增加汽车的美感，从而增加销售量。又如面包，给它裹上一层芳香的包装，就能提高嗅觉诱惑力。滚柱轴承改成滚珠轴承就是改变形状的结果。

（4）放大、扩大。现有的东西能否扩大使用范围？能否添加部件，拉长时间，增加长度，提高强度，延长使用寿命，提高价值，加快转速？

研究"再多些"与"再少些"这类有关联的成分，能给想象提供大量的构思设想。使用加法和乘法，便可能使人们扩大探索的领域。

（5）缩小、省略。缩小一些怎么样？现在的东西能否缩小体积，减轻重量，降低高度，压缩、变薄？能否省略，能否进一步细分？

袖珍式收音机、微型计算机、折叠伞等就是缩小的产物。没有内胎的轮胎，尽可能删去细节的漫画，就是省略的结果。

（6）能否代用。可否用别的材料、零件代替，用别的方法、工艺代替，用别的能源代替？可否选取其他地点？

（7）从调换的角度思考问题。能否更换一下先后顺序？可否调换元件、部件？是否可用其他型号？可否改成另一种安排方式？原因与结果能否对换位置？能否变换一下日程？

重新安排通常会带来很多的创造性设想。飞机诞生的初期，螺旋桨安排在头部，后来，将它装到了顶部，成了直升机，这说明通过重新安排可以产生种种创造性设想。商店柜台的重新安排，营业时间的合理调整，电视节目的顺序安排，机器设备的布局调整……都有可能导致更好的结果。

（8）从相反方向思考问题，通过对比也能成为萌发想象的宝贵源泉，可以启发人的思路。上下是否可以倒过来？左右、前后是否可以对换位置？里外、正反是否可以倒换？可否用否定代替肯定？

这是一种反向思维的方法，它在创造活动中是一种颇为常见和有用的思维方法。第一次世界大战期间，有人就曾运用这种"颠倒"的设想建造舰船，使建造速度有了显著提升。

（9）从综合的角度分析问题。组合起来怎么样？能否装配成一个系统？能否把目的进行组合？能否将各种想法进行综合？能否把各种部件进行组合？

例如，把铅笔和橡皮组合在一起成为带橡皮的铅笔，把几种部件组合在一起变成组合机床，把几种金属组合在一起变成种种性能不同的合金，把几件材料组合在一起制成复合材料，把几个企业组合在一起构成横向联合。

（五）综摄法

综摄法是美国麻省理工学院威廉·戈登教授提出的一种典型的创意构思方法。它以已知事物为媒介，将毫无关联且不同的知识和要素结合起来，激起人们的创造欲，使潜在的创造力得以发挥，从而产生众多创造性设想。

1. 综摄法的基本规则

为了摆脱旧条框的束缚，开阔思路，综摄法认为在创造性思考时要有一段时间暂时抛开原来想要解决的问题，通过类比探索得到启发。因此，它是一个"变熟悉为陌生"和"变陌生为熟悉"的创造性思考过程。

"变熟悉为陌生"，简单来说是指对某些早已熟悉的事物，从新的角度或运用新知识进行观察和研究，从而摆脱陈旧固定看法的桎梏，产生创造性想法，将熟悉的事物转化成陌生的事物看待。

"变陌生为熟悉"是指把看不习惯的事物当成早已习惯的熟悉事物。它要求我们在碰到一个完全陌生的事物或问题时，运用全部经验、知识（熟悉的）对其进行分析、比较，并根据这些结果思考用什么方法才能达到目的。

2. 综摄法的实施步骤

（1）与会人员的确定

组成人员的要求：具备经常运用、熟练掌握类比思维方法的能力；年龄最好在25～40岁之间；有互相帮助的品格，有积极配合的团队意识，有一定的抽象概括能力，对组织以及组织目标忠诚。

会议规模及要求：5～8人，其中包含主持人1名，与讨论问题相关的专家1名，各科学领域的专业人士3～6名。

主持人的选择对方法的实施十分重要。主持人素质的要求包括：有相当丰富的技巧和策略，要让成员的能力都能得到充分的发挥；在专家受到组员的启发后要进行积极思考时，主持人还应把握好时机向专家交代清楚问题。

主持人在主持时不介入有关内容的讨论，只指导过程的展开；不操纵小组，不霸占全场，不介入小组成员间的竞争，努力成为倾听者，充分调动成员的积极性，使其保持旺盛的精力。

小组中至少要有1名专家，且必须是所讨论问题方面的专家。专家的任务是讨论并说明问题，让组员了解问题的背景以及现状等关键因素。然后，他要与主持人一起对应该达到的目标进行研究，同时广泛听取其他组员的意见。在目标确定后，专家要从组员提出的设想中提取具有启示性的要素，激发自己的创意。运用综摄法提方案是为了解决实际的问题，因此，要求专家具有一定能力或权威，能让小组集思广益得到的方案付诸实施，这样才能让成员有满足感、成就感。同时，在过程中，专家还应该明确自己的期望目标是什么。

其他成员可以是社会学、心理学、人类学、市场学等方面的专家，以及熟悉物理、化学、生物、通信或电子技术等领域知识的人。

各行业专家运用不同的专业知识提出想法，可以互相激发创造性思维。成员间应互相鼓励、彼此支持，可以在适当的时候给予赞美，这将极大提升小组的工作成效。

（2）应用操作步骤

综摄法是一个流程化的方法，其操作步骤如图1-3所示。

第一，提出问题。提出待解决的问题，可由小组成员提出，也可来自外界，通过主持人宣读。

第二，专家分析。主持人提出问题后，专家先对该问题进行解释和概要分析。由于组员不是该问题的专家，故不必进行详细说明。

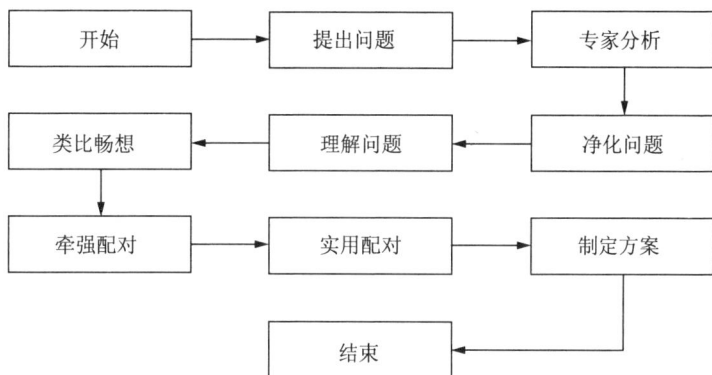

```
开始 ──→ 提出问题 ──→ 专家分析
                          │
                          ↓
类比畅想 ←── 理解问题 ←── 净化问题

  │
  ↓
牵强配对 ──→ 实用配对 ──→ 制定方案
                          │
                          ↓
                        结束
```

图1-3　综摄法操作步骤

第三，净化问题。首先，小组成员逐一谈想法，提交专家进行评价。其次，专家进行评判，会尽力对引出的观点做出判断和评论，解释为什么有的方法从专家的角度看是不合适的，存在哪些问题。最后，专家记录。专家将十分新颖且具有启发性的观点全部记录下来，并做好标记。这一步的目的是用来进一步厘清思路，同时消除前两步所隐含的僵化、肤浅的解决办法。

第四，理解问题。从选择问题的某一部分入手，每个参与者都要（尽可能利用类比法中所包含的多种思维形式）描述他所感知到的问题，写下一种或多种见解，或者以理想化的语言对问题进行再定义。主持人鼓励组员畅所欲言并记录其观点，然后选择一位成员与专家再进行详细分析。

第五，类比畅想。这一步可以被视作一次远离问题的"假日"，是综摄法的关键所在。首先，主持人提出一些激发类比性答案的问题。其次，小组成员用直接类比、因果类比、幻想类比等类比法进行创造性思考，提出许多具体的类比想法。最后，主持人从众多具体的类比想法中选择一种来进行详细分析或阐释。此时选择哪一种类比是关键！比较典型的做法是主持人依据小组成员对使用的类比方法的熟悉程度和兴趣，以及与此相关的知识储备来进行遴选。这要求主持人要熟悉组员的知识背景。

第六，牵强配对。这一步通常有两种做法：戈登的做法是把类比畅想（第五步）与被理解的问题（第四步）牵强地进行配对。在这种情况下，通常会激发产生极具创造性的想法。另一种做法是把两种元素牵强地联系在一起，同时尽其所能联想，将二者联系起来。无论采取哪种做法，小组成员都需要围绕问题与类比展开讨论和研究，直到发现解决问题的新途径。

第七，实用配对。在此阶段，要有效结合解决问题的目标，对之前开发出的类比案例进行深入研究，从类比的例子中彻底找出更明确、详尽的启示。

第八，制定方案。使用综摄法要最终形成对问题的新观点和解决方法。为制定完整的解决方案，可以充分发挥专家的作用，把创意构思转化为对问题的解决方案。

3. 综摄法的适用范围

（1）适用于要寻求创新或想得到创造性方案的情况。

（2）适用于产品开发，且创新收效较大的情况。

（3）适用于社会领域。如美国产业界和学术界的成员们就曾经利用这种方法研究"怎样分配政府预算"的问题。

总之，综摄法作为一种创意构思方法，在新产品开发、现有产品设计改进、广告创意以及社会问题解决等方面都得到了广泛的应用。

知识链接

电杆问题的解决

某收发设备公司参加一个军事接收天线的竞标，要求天线在零下40℃正常使用。由于该公司所在地很少见到雪，因此，公司设计了一种质量较轻的电杆，却遗忘了一个因素：天线因积雪结冰会变得超重，从而导致承载天线的杆子向下弯曲或折断。但军方考虑到重量的原因（电杆轻便，方便士兵携带和运送）初步采用其方案，但要对其改进。实际上，该公司设计的杆子要想防止断裂，质量必须再增加一倍，为此公司陷入两难的境地。

为了解决这一难题，公司的项目负责人决定召开综摄法会议，以商讨对策。经过前期头脑风暴式思考，搜集到可拆卸套管结构、冰冻等多个想法。当听到冰冻时，其中一人结合自身经验，产生了在原有设计基础上使电杆表面结冰的念头。针对这一想法，大家展开热烈讨论。经集体努力，最终得出创造性方案——在原方案不变的基础上，给杆子创造一个粗糙的表面。

这样，杆子重量依然较轻，便于装卸及运输，而在安装后，当积雪使得天线重量增加的同时，杆子粗糙的表面也会因积雪而在其四周粘上冰层，使冰包起来的杆子完全可以承受携有冰雪负载的天线。

本章小结

创新是人类特有的认识能力和实践能力，是人类主观能动性的高级表现，是推动民族进步和社会发展的不竭动力。本章主要讲述了创新的基本知识以及如何培养创新意识。通过本章的学习，读者应该结合创新的内涵、类型、过程和原则等进行创新思考，培养自己的创新意识。

创新思维是一种有创见的思维，即人脑对客观事物未知成分进行探索活动，是人脑发现和提出新问题、设计新方法、开创新途径、解决新问题的活动。创新方法是指创新活动中带有普遍性和规律性的方法和技巧。本章主要讲述了创新思维的基本知识和典型的创新思维方法，以及如何用这些方法去思考和解决问题。

思考与练习

1. 简述创新的内涵、类型。

2. 简述创新的过程和原则。

3. 结合自身体会，谈谈如何破除创新思维的枷锁。

4. 结合自身体会，谈谈如何培养自身创新思维能力。

5. 简述创新思维的概念。

6. 结合自身体会，谈谈自己对各种创新思维形式的认识。

7. 结合自身体会，谈谈如何运用头脑风暴法。

8. "5W2H"分析法的内容有哪些？

9. 简述六顶思考帽的分类和应用步骤。

第二章 创业与职业生涯发展

第一节 创业与创业精神

随着改革开放的不断深入，中国经济的发展势头越发强劲。国家出台了一系列政策，同时也深刻认识到创业对就业所起的带动作用，将鼓励创业、强化创业放在了突出的位置。

一、创业的定义与功能

（一）创业的定义

对创业学的研究与教育最早出现在 20 世纪 60 年代末，它作为一门学科进入中国高校的时间只有短短几年。

"创业"起初用来描述那些承担大项目的人，但后来特指那些开创了新的做生意方法的商人。从中文字面看，"创业"一词由"创"和"业"组成。"创"是指开始做、开创、创造、创办、创制、创立等意思；"业"就是企业、事业、行业、职业、学业等意思。《现代汉语词典(第 7 版)》把"创业"解释为"创办事业"。这一定义强调了开端的艰辛困苦，突出了过程的开拓创新，侧重于从无到有的创举。由此来看，动才有结果。

本书倾向于把"创业"做如下定义：创业是在不拘泥于当前资源条件的限制下对机会的追寻，将不同的资源组合加以利用和开发并创造价值的过程。值得注意的是，上述定义容易使创业的概念泛化，即容易把一般的经营活动都纳入创业的范畴。创业本身也是经营活动，创业活动普遍存在于各种组织和个人活动中，它侧重经营活动的前段，在机会导向的程度、创新的强度、创造的价值及对社会的贡献等多方面表现得更加突出。

对于创业的定义可以从以下方面理解：

1. 创业是创造出某种有价值的新事物的过程。这种新事物必须是有价值的，不仅对创业者本身有价值，而且对社会也要有价值。价值属性是创业的重要社会属性，同时也是创业活动的意义和价值。

2. 创业必须要贡献必要的时间和大量的精力，付出极大的努力。要完成整个创业过程，创造新的有价值的事物，就需要大量的时间，而要获得成功，没有极大的努力是不可能的，而且很多创业活动的初期是在非常艰苦的环境下实现的。

3. 创业要承担必然的风险。创业的风险可能有各种不同的形式，这取决于创业的领域和创业团队的资源。通常的创业风险主要是指人力资源风险、市场风险、财务风险、技术风险、外部环境风险、合同风险、精神方面的风险等几个方面。创业者应具备超人的胆识、敢冒风险的精神和勇于承担风险后果的品格。

4. 创业给创业者带来回报。创业带来的回报，既包括物质的回报也包括精神的回报，它是创业者进行创业的动机和动力。作为创业者，最重要的回报可能是从中获得的独立自主的能力，以及随之而来的个人的物质财富的满足。对于追求利润的创业者而言，金钱的回报无疑是重要的，物质财富是衡量成功的一种尺度。

在这里，我们需要区分一下创新、发明和创业。

熊彼特最早将"创新"一词引入经济分析，从而赋予创新以经济学意义。他将创新看成生产方式的改变，认为创新是新的资源组合方式，包括新产品、新生产方式、新材料资源、新市场和新产业组织方式。熊彼特还通过分析创新与发明的区别，进一步说明创新的经济学意义。他认为发明是机会的开发，而创新是有利润机会的利用，只有当发明被运用到产业中才叫创新。

创业活动必然涉及创新，但创新并不全是创业活动。根据对创业的定义，如果创新成果是在已有的企业组织框架内实现商业化，则这种创新就不属于创业活动；只有通过创建企业组织管理体系的创新来实现创新成果的商业化和产业化，才能算得上是创业活动。

（二）创业的功能

随着国家经济的快速发展，就业压力增大，以及国家创业政策扶持，越来越多的人参与到创业的行列。那么，创业有哪些功能呢？

1. 创业是经济发展的原动力

全球创业观察项目曾将一国或地区的全员创业活动指数与 GDP 增长率进行时间序列回归分析。统计结果显示，创业活动与经济增长情况正相关：创业活动活跃的国家或地区，经济增长速度快。在中国，创业活跃的地区也是经济增长快的地区，而创业活动不活跃的地区，也是经济增长较慢的地区。

2. 创业能带来就业机会，维持社会稳定

当今社会，随着经济全球化，创业能较好地抵御经济危机带来的不良影响，带动生产、拉动内需，从而进一步维持和加强社会稳定。通过鼓励创业，倾斜政策，刺激消费，才能更好更快地解决经济全球化给国内企业带来的不利影响，带动充分就业，维持社会稳定。这也是创业最主要的功能，即增加市场竞争力、拉动国内市场需求、繁荣社会经济。

3. 创业能推动科技创新

创业过程的核心是创新精神。创新是创业的主要驱动力量，创业是新理论、新技术、新知识、新制度的孵化器，也是新理论、新技术、新知识、新制度形成现实生产力的转化器。创新带来的科技变革推动着创业的发展，依赖于创新的创业又进一步推动了创新。

4. 创业是实现自我的重要途径

美国心理学家马斯洛把人的需求分为生理需要、安全需要、爱与归属的需要、尊重的需要和自我实现的需要。创业者创业动机的激发因素可以归结为经济的需要和社会的需要。经济的需要主要是指生理和安全方面的需要。社会需要主要是指他人尊重和自我实现的需要，包括地位、认可、赞赏、独立、自信等。创业过程正是对这一理论的诠释。这个过程是创业者向着自己喜爱的工作和方向选择创业，而不是在一个不喜欢的既定工作上碌碌无为地度过一生。做自己喜欢的事，坚定方向，不懈努力，获取经济回报、赢得尊重、树立威望，这样是实现个人的人生价值，使自己的生活充实、有意义的重要途径。一个成功的创业过程对创业者来说，既满足了其最基本的经济需要，也满足了其最高层次的需要，也就是自我实现的需要。

（三）创业理论研究学派

尽管创业是经济和商业活动中的重要现象，但以往的学者大都不是为了专门研究创业理论而研究创业。他们来自各个领域，如经济学、管理学、金融学、社会学、心理学、教育学、法学、商业伦理学、公共政策学以及城市规划学等。他们提出一些关于创业和创业者的见解，主要是为了进行研究或构建他们自己理论体系的需要。综观这些不同角度的创业理论，大致可以把他们分成以下几个学派：

1. 风险学派

风险学派认为，创业者承担着由于不确定性而导致的各种风险。1755 年，法国经济学家康迪隆认为创业者要承担以固定价格买入商品并以不确定的价格将其卖出的风险。创业者的报酬就是卖出价与买入价之差。如果创业者准确地洞察、把握了市场机会，则赚取利润，反之则承担风险。奈特赋予了创业者不确定性决策者的角色，他认为"有更好管理才能的人能够具有控制权，而其他人在他们的指挥下工作"，一般对自己的判断有自信心和敢于冒险的人能够勇于承担风险。因此，在企业中存在着一个特殊的创业者阶层，负责指导企业的经济活动，并向那些提供生产服务的人保证一份固定的收入。

2. 领导学派

领导学派从创业者在企业组织中的领导职能来研究创业活动和创业者的行为。法国经济学家让·巴蒂斯特·萨伊认为，创业就是要把生产要素组合起来的过程，创业者就是生产过程的协调者和领导者。他指出，一个成功的创业者必须要有判断力、毅力和广博的知识面以及非凡的管理艺术。英国经济学大师马歇尔赋予创业者在企业中担任多重领导的职能，比如管理、协调中间商和承担不确定性等。他认为一个真正的创业者必须具备两方面的能力：一方面，他必须对自己经营的事业了如指掌，有预测生产和消费趋势的能力；另一方面，创业者必须有领导他人、驾驭局势的能力，善于选择自己的助手并信赖他们。

3. 创新学派

熊彼特的创业理论具有最鲜明的特色，他赋予创业者以创新者的形象，认为创业者的职能就是实现生产要素新的组合，创业是实现创新的过程，而创新则是创业的本质和手段。他把创新比喻为"革命"，创业者是"通过利用一种新发明，或者利用一种未经实验的技术可能性，来生产新产品或者用新方法生产老产品，通过开辟原料供应的新来源或开辟产品的新销路，通过改组工业结构等手段来改良或彻底改革生产模式"。他强调创业和发明不是一个概念，创业最终需要创新成果在市场上实现价值。创业者的职能"主要不在于发明某种东西或创造供企业利用的条件，而是在于有办法促使人们去完成这些事情"。他进一步认为，经济体系发展的根源在于创业活动，"创业是经济过程本身的主要推动力"，"这类活动就是能使经济机体革命化的多次发生的'繁荣'和由于新产品和新方法造成干扰平衡的冲击而经常出现的'衰退'的主要原因"。

4. 认知学派

该学派强调从创业者的心理特性特别是认知特性角度来研究创业，并强调创业者的认知、想象力等主观因素。卡松认为"创业者是擅长对稀缺资源的协调利用做出明智决断的人"。沙克尔认为创业者在做出决策时具有非凡的想象力。柯斯纳的理论试图将经济学与心理学连接起来，他提出了一个描述创业者心理认知特征的术语——"敏感"，认为创业者具有一般人所不具有的能够敏锐地发现市场机会的敏感，也只有具备这种敏感的人才能被称为创业者。这种敏感使得创业者能够以高于进价的售价销售商品。他所需要的就是发现哪里的购买者的出价高，哪里的销售者的售价低，然后以比其售价略低的价格买进，以比其买价略高的价格卖出。柯斯纳的理论引发了很多心理学学者对于创业问题的研究，特别是创业者的心理特性的研究。除了认知特性以外，该学派还有对创业者的人品特征、成就感动机、冒险倾向等方面的研究。

5. 社会学派

该学派不认为创业是个性或个人背景的产物，相反，它强调从外部社会来研究创业现象和创业问题。有些学者探讨了宏观的社会环境和社会网络对于企业创业的影响。萨克森妮认为，硅谷有一个以地区网络为基础的工业体系，能促进各个专业制造商集体地学习和灵活地调整一系列相关的技术。该地区密集的社会网络和开放的人才市场弘扬了不断试验探索和开拓进取的创业精神。此外，地区的社会文化氛围也对当地的创业活动有巨大的影响。硅谷地区的文化鼓励冒险，也接受失败，因此，创业精神和创业活动最终会带动整个硅谷繁荣起来。另外，一些学者从微观角度研究了创业者个人的社会网络问题。伍德沃德认为，社会网络在帮助创业者建立和发展企业时扮演了积极的角色，可以提高个人实际创业的概率。反过来，成功的创业者往往会花费大量的时间去建立个人的社会网络以帮助创新企业成长。当创业者能够通过社会网络得到充足而及时的资源时，他就容易取得成功。

6. 管理学派

管理学派反对从主观主义角度研究创业。目标管理的创始人德鲁克认为，任何敢于面对决策的人，都可能通过学习成为一个创业者，并具有创业精神。创业是一种行为，而不是个人性格特征。创业是一种"可以组织并且是需要组织的系统性的工作"，甚至可以成为"日常管理工作的一部分"，"成功的创业者不是去坐等灵感的降临，而是要实际工作"。德鲁克也十分强调创新在创业中的重要作用，他认为只有那些能够创造出一些新的、与众不同的事物并能创造价值的活动才是创业。进一步说，将创业看成是管理的一个重要原因就是因为许多发明家虽然是创业者，但恰恰是因为不善于管理才成不了将创新成果产业化的创业者。史蒂文森等也认为创业是管理方法，是不拘泥于当前资源条件限制下的对于机会的捕捉和利用，可以从战略导向、把握机会、获取资源、控制资源、管理结构和报酬政策等方面对这种管理手段进行描述。

7. 战略学派

战略管理是企业管理的一个重要领域，因此，严格来说，创业理论的战略学派应属于管理学派的一个分支。但是，最近几年来一些战略管理方面的学者广泛采用战略管理的方法研究创业活动，把创业过程视为初创企业或者现有企业成长过程中的战略管理过程，这使得战略学派十分引人注目。毕海德认为，每家企业都有自己的制度和战略发展经历，并据此提出了以企业战略为线索的研究框架，分为澄清创业者当前的目标、评估目标实施战略、评估自己实施战略的能力等步骤。

创造企业财富是创业和战略管理共同的核心问题。创业和战略管理可以在创新、网络、国际化、组织学习、高层管理团队及其治理和企业成长等方面进行融合。阿赫拉和德斯也强调，不应该严格区分创业研究与战略管理，相反，战略管理研究和创业研究有很多可以融合的机会。

8. 机会学派

机会学派强调从"存在有利可图的机会"和"存在有进取心的个人"这两者相结合的角度去研究创业。尚恩和文卡塔拉曼也认为，不能将机会与个人对于创业的影响混淆，并指出"不同的人所识别的创业机会在质量上是有变化的"，"不能忽视对于创业机会的测量"。他们进一步提出创业理论研究应该以"机会"为线索展开，包括以下问题：一是为什么会存在可以创造商品和服务的机会，在什么时间存在，是如何存在的；二是为什么有的人能够发现和利用这些机会，什么时间利用，是如何发现和利用的；三是为什么会采用不同的行动模式来利用创业机会，什么时间采用，如何采用。此外，他们还讨论了利用机会的两种模式，即创建新的企业（科层）和把这些机会出手给现有企业（市场）。他们认为，以往的创业研究缺乏清晰的边界和独特的变量。对创业机会的识别和利用可以支撑创业这一独特领域的概念，而且应该成为该领域研究的核心问题。以往创业研究中的经典问题"谁是创业者"现在可能被替换成"什么是创业机会"。

二、创业的要素与类型

（一）创业的要素

怎样才能创业成功？每一位创业者都会思考这样的问题。因为在创业路上一旦失败，对个人来说可能意味着倾家荡产。无数创业者的经历告诉我们，成功创业蕴含着一些基本要素。

专家学者对创业要素提出了不同见解。国内研究认为，成功的创业要具备足够的资源、创业前要慎思、先有业务再创业、较强的经营能力、从内部创业等要素。国外学者则提出了多种观点，有人认为是三要素说，即技术、创新模式和创业团队，或是产品、资金、团队，或是资金、策划、市场。有人认为是四要素说，即创业者、创业机会、创业组织、创业资源。有人认为是五要素说，即眼光、思想、魄力、资本、关系。从中我们可以看出，不同人从不同角度总结出的创业成功要素有所不同，但有一点可以肯定，创业要获得成功必须同时具备多方面的因素。一般来说，创业的关键要素包括创业机会、创业团队和创业资源。

1. 创业机会

创业机会即创业的商机，是创业过程的核心，创业行为往往是从发现创业机会开始的。雷军曾说"只要站在风口，猪也能飞上天"，这里所谓的"风口"，其实指的就是创业机会。机会来了，挡都挡不住。创业机会是指市场中空缺较大的市场需求。但要注意，并不是每个创业者都能找到适合的创业机会，有调查表明，仅有4%的创业者能正确把握住创业机会。

2. 创业团队

创业团队是创业过程的主导者，是创业行为的发起者、实施者、承担者。创业团队中又包括创业者的动机、团队间人际关系及团队外人际关系和团队竞争力等因素。良好的创业团队应该是团队动机一致、目标明确，团队内部成员关系融洽、人格互补，与外部环境有着较好的人际交流，团队优势突出。

3. 创业资源

创业资源是创业过程的必要条件和重要保证。创业资源是指新创企业在创造价值的过程中需要的特定的资产，包括有形与无形资产，它是新创企业创立和运营的必要条件，主要表现形式为创业人才、创业资本、创业技术和创业管理等。

（二）创业的类型

根据不同的标准和依据，我们可以把创业分成不同的类型。

1. 基于初始动机的分类

沃特曼从动机的角度将创业分为推动型创业和拉动型创业。推动型创业是指创业者对当前的现状不满，并受到了一些非创业者特征的因素的推动而从事创业的行为；拉动型创业是指创业者在新创一个企业的想法以及开始一个新企业活动的吸引下，由于创业者自身的个人特质和商业机会本身的吸引而产生的创业行为。

雷诺兹最先将创业分为生存型创业和机会型创业。生存型创业就是那些由于没有其他就业选择或对其他就业选择不满意而从事的活动；机会型创业就是指那些为了追求一个商业机会而从事的创业活动。

2. 基于初始资源的分类

芝加哥大学教授毕海德在其专著《新企业的起源与演变》一书中将创业分为边缘创业、冒险型创业、与风险投资融合的创业、大公司的内部创业、革命性的创业。

边缘创业是指创办在行业中处于次要和补充地位、产品是辅助或补充产品、市场占有率低的企业。

冒险型创业是指一种有较高的失败率但成功所得的报酬也很惊人的创业类型。这种类型的创业如果想要获得成功，必须在创业者能力、创业时机、创业精神发挥、创业策略研究拟定、经营模式设计、创业过程管理等各方面都有很好的搭配。

与风险投资融合的创业是指创业者凭借创业计划、管理人才吸引风险投资公司进行投资，在风险资本的资助下取得成功的新企业。

大公司的内部创业是指企业通过内部创新，以开发新产品进入新市场或重新塑造新的市场，从而进入一个新的行业。例如，国内华为集团为解决机构庞大和老员工问题，鼓励内部创业，将华为非核心业务与服务业务以内部创业方式社会化，通过提供一些资源给公司的优秀人才，帮助他们走出去创办企业。

革命性的创业是指某些带有变革性的技术所带来的创业。这样的企业在某些领域是具有颠覆性的，这类创业多出现在科技领域。

3. 基于创业者的分类

通过对调查数据的结果进行分析可将创业类型划分为脚踏实地的创业和机会主义的创业。脚踏实地创业者在处理社会环境问题时能力较弱，而且在时间导向上会受到制约；机会主义创业者受教育和培训的范围比较广泛，社会感知以及对未来的定位较高。

根据创业活动的主体差异，创业活动还可以分为个体创业和公司创业。个体创业主要指与原有组织实体不相关的个体或团队的创业行为；而公司创业主要是指由已有组织发起的组织创造、更新与创新的活动。

4. 基于战略的分类

从创业者早期战略导向的角度展开研究，在认知层面上将创业者分为破坏性技术型创业者、市场共享型创业者和低效市场型创业者。

另有研究将创业划分为两种类型：一是套利型创业，是指用价格差异的机会，对于已经存在的差异边缘，通过低买高卖获取利润的创业活动；二是创新型创业，是指利用新商业机会的创业。

5. 基于创业效果的分类

成功的创业：组织层面和社会层面的产出均为正的创业行为。

重新分配式创业：组织层面为正而社会层面为负的创业行为。

催化剂式创业：组织层面为负而社会层面为正的创业行为。

失败的创业：组织层面和社会层面的产出均为负的创业行为。

三、创业过程

创业过程包括创业者从产生创业想法到创建新企业或开创新事业并获取回报的过程，涉及识别机会、组建团队、寻求融资等活动。创业过程可大致划分为机会识别、资源整合、创办新企业、新企业生存和成长等主要阶段。

（一）机会识别

这一阶段的主要工作是发现创业机会、对创业机会进行评估、选择。创业者以敏锐的眼光发现市场存在的创业机会，意识到其他人所未察觉的机会降临。国家产业政策的调整、新技术的出现、人口和家庭结构的变化、人的物质和精神需要的变化、流行时尚等都可能形成商业机会。

当创业者意识到创业机会来临，在付诸行动之前，需要进行审视，评价头脑中的想法变成现实的可能性有多大，评估个人的创新与市场需求的契合度有多高，评价机会的风险与回报比例，创业机会和个人已具备资源与目标高度的距离，还有就是市场环境和所处的竞争状态。在做出上述一番评价之后，创业者需要做出是否要创业的判断。

（二）资源整合

在这一阶段，创业者需要将所拥有的资源进行整合，做好创业准备。创业者需要整合的资源包括基本信息(有关市场、环境和法律问题)、人力资源(合作者、最初的雇员)和财务资源等。创业者要列出所拥有的资源清单，明确优势与劣势，同时列出资源缺口与目前可获得的资源供给途径，更重要的是通过行动将自己的资源及补给途径整合为自己的创业条件，为创业的实施铺平道路。

同时，创业者要做好创业各方面的准备，心理上充分意识到，要成为一名创业者，必须审视自己是否具备创业者的各项素质和能力，例如，是否具备吃苦耐劳的精神，是否具有直面失败的勇气，是否懂得基本的管理知识、财务知识、营销知识等。

（三）创办新企业

企业的创建需要进行大量的准备工作，其中最关键的是创业计划、创业融资和注册登记。

创意能否变成行动，关键看其能否形成一个周密的创业计划。资金往往成为新创企业的瓶颈，创业融资在企业的创建过程中至关重要。当创业者完成创业计划并获得融资之后，就可以按照法定程序进行注册登记。注册登记包括确定企业的组织形式、企业名称、向工商行政管理机关提出企业登记注册申请、领取企业法人营业执照等内容。

企业在正式运营前还有许多筹备工作需要完成，从企业的选址、运营模式、团队组建到产品投放市场的售前、售中、售后各个环节的工作接洽都需要创业者去完成。

（四）新企业生存和成长

企业创办起来之后，创业者会遇到许多之前不曾设想到的问题。此时，创业者需要冷静分析问题，戒骄戒躁，找出产生问题的根源，结合已有资源进行弥补或改善。企业运行过程中，创业者需要展现个人的管理能力，因此，新企业发展的过程也是创业者管理能力不断提升的过程。

企业从成长走向成熟的标志之一是能够建设好自己的品牌，形成名牌。创业者要注意在品牌和企业文化等方面形成竞争优势。

四、创业精神的本质、来源、作用与培育

（一）创业精神的本质

创业精神是指在创业者的主观世界中具有开创性的思想、观念、个性、意志、作风和品质等。

创业精神是创业的核心与灵魂。创业精神是刺激经济增长和创造就业机会的必要因素。熊彼特将创业精神看作是一股创造性的破坏力量。

创业精神有以下重要的主题：

1. 对机会的追求。创业精神是追求环境的趋势和变化，而且是尚未被人们注意的趋势和变化。

2. 创新。创业精神包含变革、革新、转换和新方法的引入，即新产品、新服务或者是新的交易方式。

3. 增长。创业者追求增长，他们不满足于企业停留在小规模或现有的规模上，他们希望自己的企业能够发展壮大。因此，他们不断寻找新趋势和机会，不断创新，不断推出新产品和新的经营方式。

创业精神类似一种能持续创新成长的生命力，一般可区分为个体创业精神和组织创业精神。个体创业精神是指以个人力量、在个人愿景引导下从事创新活动，进而创造一个新企业。组织创业精神是指在已存在的一个组织内部，以群众力量追求共同愿景，从事组织创新活动，进而创造组织的新面貌。企业创业精神是一个企业所具有的创新与风险创业精神，它的核心是创新精神。

创业精神是创业者在创业过程中的重要行为特征的高度凝练，表现为勇于创新、

敢当风险、团结合作、坚持不懈等行为特征。创新意识和创业思维是其本质。创业意识可使创业者积极主动地从事创业工作；创业思维是创业过程中解决创业问题的核心能力，是创业意识的升华，创业思维大多通过模拟与实践获得。

（二）创业精神的来源

创业精神可以分为不同层次，不同层次的创业精神来源有所不同。第一层次是基本层次，具有创业精神的人表现出按照"想法""计划""执行""活动""回报"步骤做事或处理事情的行为。这一层次的创业精神主要来源于人们不断地在生活和工作实践过程中形成自身的行为习惯。

第二层次是中间层次。具有创业精神的人能够勇于面对困难，并设法找出造成困难的原因，积极地去解决这些问题。中间层次的创业精神来源主要依靠创业者强烈的创业动机、坚定的创业信心以及敢于担当的优秀品质。

第三层次是高级层次。具有创业精神的人能够表现出创造性地去解决问题的行为。高级层次的创业精神来源主要依靠创业者所具备的创新思维和创新方法。

（三）创业精神的作用

1. 创业精神促进人的全面发展

创业精神要求人们追求独立自主，自主选择，自由创造，自我实现和自主发展。创业精神还要求人们锻造全面的素质，培养强烈的事业心和责任感，提升创新意识和创新能力，拥有坚定的信念和坚强的毅力，成为智商、情商、意志相统一的完善的人。

2. 创业精神能培育民族精神

我国各族人民在建设美好家园、克服艰难险阻的奋斗历程中，不断培育和发展着中华民族精神，其中的独立自主和自强不息的精神，就是创业精神的重要内容。可以说，中华民族精神包含了创业精神，如艰苦创业的精神就是民族精神的重要组成部分。所以，弘扬创业精神有助于培育民族精神。

3. 创业精神是改革开放和现代化建设的重要推手

建设中国特色的社会主义事业，是一项充满艰辛、充满创造的壮丽事业，它需要创业精神，也将产生创业精神。创业精神这种崇高的精神，将成为建设中国特色社会主义事业的精神支柱，将成为改革开放和现代化建设的精神动力。马克思主义者既强调物质的决定性作用，也充分肯定精神在改造客观世界中的能动作用。改革开放和现代化建设是创新的活动，需要有创新精神来支撑和推动。创新的精神、创造的精神，都属于创业精神的范畴，它们是全党和全国人民奋发向上、开拓前进的精神支柱，是改革开放和现代化建设的强大动力。有了这种精神，我们的人民将精神抖擞，我们的事业将蓬勃发展，我们的国家将兴旺发达。

（四）创业精神的培育

1. 通过学习创业教育课程来培育创业精神

学习创业教育课程，可以使有创业意愿的人树立创业理想，增强创业意识，使其愿意创业、乐于创业；可以帮助创业者端正创业态度，树立正确的人生观、价值观；可以使创业者明确创业的目的和意义，从而将创业理想内化为自觉的行动，积极主动地投身于创业实践；可以激发人们的创业欲望，让他们创业有动力、学习有典型、追赶有目标。

2. 通过营造有利于创业的环境来培育创业精神

学校应该广泛利用网络、广播、电视、校刊等宣传工具，大力宣传创业的重要意义和创业经验，宣传成功创业的典型，树立勇于创业的榜样，弘扬创业精神，在校园中形成讲创业、想创业、崇尚创业、以创业为荣的校园舆论氛围，形成鼓励创新、开拓进取、宽容失败、团结合作、乐于奉献的校园创业文化氛围。

3. 通过树立创业榜样来培育创业精神

榜样的力量是无穷的，他人的创业行为和成就是一笔宝贵的财富。古往今来，创业成功者具有自信、心态积极、喜欢独立思考、好奇、敢于创新、敢于竞争和冒险、热情、专注、意志坚定、不怕挫折、情绪稳定等共同的精神品质。树立榜样的途径一是大学生可以借鉴历史上的创业榜样，学习他们创业成功的案例，明确创业目标，激发创业热情，树立创业志向；二是大学生可以学习现实生活中的创业榜样，通过"请进来、走出去"的方式，受到熏陶。

4. 通过创业实践锻炼来培育创业精神

良好创业精神品质的形成重在实践训练。积极的实践能带来及时的反馈和成就感，也能带来成功的喜悦，磨炼出坚强的创业心理品质。大学生课余时间主动参与创业实践，熟悉各种职业特点和自己的能力特点，积累创业经验，增长创业才干，减少将来创业的盲目性。只有经受创业实践的锻炼，创业目标才会更加明晰，创业信念才会更加强烈。

5. 通过加强创业心理指导来培育创业精神

心理指导是在专门人员的指导下，参与者自己练习、实践、锻炼的方法，实质上是一种特殊的教育过程。

首先，主动学习与创业有关的心理知识，如情商教育、压力缓解、自信等，将心理知识内化为个人的创业心理品质。

其次，在创业过程中出现心理问题时，要主动进行心理咨询，寻求咨询师帮助。

最后，进行自我修养指导。如何挖掘和开发自己的心理潜能？如何培养自己的创业心理品质？关键还是靠自我修养。《论语·学而》讲"吾日三省吾身"，就是要对照标准，经常看看自己的心理品质是否符合要求，并且持之以恒地坚持下去。

第二节　知识经济发展与创业

一、经济转型与创业热潮的关系

（一）经济转型

1. 经济转型的含义

经济转型是指一个国家或地区的经济结构和经济制度在一定时期内发生的根本变化。具体来讲，经济转型是经济体制的更新，是经济增长方式的转变，是经济结构的提升，是支柱产业的替换，是国民经济体制和结构发生的一个由量变到质变的过程。

经济转型不是我国特有的现象，任何一个国家在实现现代化的过程中都会面临经济转型的问题。即使是西方国家，其经济体制和经济结构也并非尽善尽美，也存在着现存经济制度向更合理、更完善方向发展的过程，也存在着从某种经济结构向另一种经济结构过渡的过程。

2. 经济转型的分类

经济转型有多种分类方法，常见的有以下两种划分方法：

(1)按转型的状态划分为体制转型和结构转型

体制转型是指从高度集中的计划经济体制向市场经济体制转型。体制转型的目的是在一段时间内完成制度创新。

结构转型是指从农业的、乡村的、封闭的传统社会向工业的、城镇的、开放的现代社会转型。结构转型的目的是实现经济增长方式的转变，从而在转型过程中改变一个国家和地区在世界和区域经济体系中的地位。

(2)按转型的速度划分为激进式转型和渐进式转型

激进式转型是指实施激进而全面的改革计划，在尽可能短的时间内进行尽可能多的改革。大多数学者把俄罗斯和东欧"休克疗法"的经济改革称为激进式转型。激进式转型注重的是改革的终极目标。

渐进式转型是指通过部分的和分阶段的改革，在尽可能不引起社会震荡的前提下循序渐进地实现改革的目标。多数学者把我国"摸着石头过河"的经济改革称为渐进式转型。渐进式转型注重的是改革过程。

3. 经济转型的特点

(1)阶段性和长期性的统一

在谈到经济转型时，我们往往把某个时期经济在体制和结构方面的变化称为经济转型。因此在制订转型计划时往往会以时间多长、发生什么样的变化来衡量是否完成经济转型。其实，这只是阶段性的经济转型。从长期经济发展实践来看，经济本身时刻都在追逐质和量的提高，这种质和量的缓慢变化本身就是经济转型。我们习惯把某个时期经济发生的较大变化称之为经济转型，即阶段性经济转型。

（2）渐进性和激进性的交叉

经济转型往往表现为时而激进，时而渐进，在某些领域激进，在其他领域渐进。经济体制的变化必然带来经济结构的调整，而经济结构的调整也需要经济体制的创新，这体现了经济转型的渐进性和激进性的交叉。

（3）政府行为和企业行为的互动

在经济转型中，政府和企业是推进经济转型的两种不同的力量。企业是推进经济转型的基本动力，而实现经济转型又离不开政府作用的发挥，前者是内因，后者是外因。只有两种力量结合，双方互动，才能更加有效地实现经济转型。

（4）区域性和国际化的结合

经济转型通常是区域性经济发展措施，而区域性的经济发展又不得不考虑国际经济发展潮流。在全球经济一体化的时代，经济转型必须紧跟当前科技发展步伐，把握世界经济发展动向。

（二）创业热潮

创业热潮是指在一定时期内，由于政策调整或社会需求等条件发生变化为某一地区提供了大量的创业机会，使得某一特定群体大规模从事创业活动的现象。我国自改革开放以来经历了四次创业热潮。

第一次创业热潮发生于 1978～1988 年。党的十一届三中全会确立了改革开放的经济发展战略。1980 年第一个个体工商户在浙江温州诞生，"万元户"成为当时富起来的人的代名词。这次创业热潮有以下特征：创业人员多为社会相对边缘的人，经营方式为个体工商户，经营行业一般都是传统行业，如商店、加工厂、长途贩运等；当时商品经济不发达，物资缺乏，为个体户赚取差价提供了条件。

第二次创业热潮发生于 1988～1991 年。党的十二届三中全会提出了"有计划的商品经济"的改革模式，一大批有文凭、有稳定工作的人走上自主创业之路，"下海"一词成为当时的热门词。本次创业热潮的特征是：形成"全民经商"之势，在大学校园出现了"练摊儿"的学生；创业者赢得巨大经济利益的领域集中在制造、房地产和外贸产业。这批创业者拥有较高文化水平和知识层次，逐渐开始学习西方先进的企业管理模式。

第三次创业热潮发生于 1992～2002 年。这十年间，我国经济进入了一个新的阶段。本次创业热潮的特征是：政府机关、事业单位的"下海"人员猛增；下岗人员中以创业实现再就业的人员有所增加；所创办企业规模较大，创业者从业的范围涉及金融、房地产、教育等。从这个时期开始，新创的企业不再仅仅集中在劳动密集型、粗放式的产业，大批高新技术企业诞生并迅速在行业内取得优势地位，成为我国技术创新的重要力量，同时也加快了科学技术从实验到应用的转化。在高科技企业兴起的同时，原有的作为创业代表的温州企业提出了"二次创业"的概念，在全国企业界迅速得到响应。

第四次创业热潮发生于 2002 年至今。党的十六大提出，进一步健全现代市场经济体系，全面建设惠及十几亿人口的更高水平的小康社会。本次创业热潮的特征是：高科技领域成为创业的热点，大批"海归"创业者成为引人注目的特色；大学生创业逐渐被社会接受。当前我国的高等教育迅速发展，大学生的人数也急剧增加，其就业面临严峻的挑战，因此，大学生创业对于提升其就业率、维护社会稳定具有非常重要的意义。

（三）经济转型与创业热潮的关系

经济转型是创业热潮兴起的深层次原因。在伴随经济转型的知识经济时代，创办高新技术企业成为经济发展的重要基础，创业在经济发展中的地位和作用更加突出，日益成为经济发展的主要动力，主要表现在以下几个方面：

1. 经济转型是创业热潮兴起的深层次原因

经济转型的过程为创业热潮的兴起提供了大量的创业机会。需求结构调整、产业结构调整、贸易结构调整、要素结构调整，是吸引创业者创业发展的要素。一方面，伴随着国际化进程，中国在加速工业化、城市化和市场化的同时为创业热潮的兴起提供了大量的创业机会，特别是在高新技术产业领域。另一方面，当前经济转型渗透到经济社会各领域，一部分由政府承担的社会、经济职能较变为由市场中介机构承担，因此，创业者依法创办这类中介机构，在政府监督下承担这些职能，有利于在市场中介领域引入竞争机制，有利于完善市场经济体制所必需的服务体系，同时，在促进经济与社会发展、防止垄断、促进市场商品和生产要素流动等方面发挥重要作用。

2. 经济转型与创业热潮相互推进

在知识经济条件下，创业热潮的兴起使通信手段更加发达、知识的传播速度加快，人们能够更广泛、更及时地实现知识、信息、资源共享。创业热潮的积极作用又反过来要求进一步加快经济转型，为更好地促进经济社会发展优化环境，因此经济转型与创业热潮是相互促进发展的过程。

3. 经济转型的过程与创业热潮还在持续

当前，我国的经济转型从部分领域的转型进入经济社会的全面转型阶段，经济结构和社会结构呈现为整体性的加速跃迁。全球经济一体化的浪潮也在加快我国工业化、城市化和市场化的步伐。同时，随着大数据、云计算、移动互联网和社交网络的广泛应用，移动互联领域掀起新的创业大潮被称作是"第四次创业浪潮"中的亮点。经济转型的过程与创业热潮还在持续，为创业者创业提供了广阔的舞台，更需要有社会责任感、创新精神和实践能力的青年学生积极投身其中。

二、创业活动的功能属性

从国家、社会的角度来看，创业的功能主要体现在：增加社会财富，促进经济发展和社会繁荣；提供就业岗位，缓解社会就业压力；实现先进技术转化，促进科技创新和生产力提高。

从创业者的角度来看，创业的功能主要体现在：充分发挥才干，实现人生价值；积累财富，满足个人对物质的追求；回报社会、贡献社会。

创业活动作为一种社会行为，它具有以下属性：

（一）创新属性

创新是创业的源泉，是创业的本质和灵魂。创业与创新是一对孪生兄弟，创新催生创业，因创业而实现其价值。自主创新离不开创业精神，创业精神更离不开由创业家主导、以创新型企业为主体的创业活动。没有创新的创业不可能有很好的发展，没有创业精神也同样不可能有重大的创新产生。创业通过创新拓宽商业视野、获取市场机遇、整合独特资源、推进企业成长。没有创新的企业其生存空间就会不断缩小，就不可能产生自己的核心竞争力，从而失去必要的竞争优势。

（二）风险属性

创业活动是有风险的，创业成功将给创业者带来喜悦，创业失败给创业者带来的不仅是沮丧，还有财产的损失、信心的丧失。如果只考虑到创业风险就不去创业，那就永远不会成为一个成功的创业者。创业成功偏爱那些细心大胆、勇于面对风险的勇敢者。创业的风险主要有以下几个方面：

1. 管理风险

创业失败基本上都是管理方面出现了问题，其中包括决策随意、信息不通、理念不清、患得患失、用人不当、忽视创新、急功近利、盲目跟风、意志薄弱等。

2. 资金风险

资金风险在创业初期会一直伴随在创业者的左右。是否有足够的资金创办企业，往往是创业者遇到的第一个问题。企业创办起来后，创业者就必须考虑是否有足够的资金支持企业的日常运作。对于初创企业来说，如果连续几个月入不敷出或者因为其他原因导致企业资金流中断，都会给企业带来极大的威胁。相当多的企业会在创办初期因资金紧缺而严重影响业务拓展，甚至错失商机而不得不关门。

3. 竞争风险

如何面对竞争是每个企业都要随时考虑的事情，而对新创企业更是如此。如果创业者选择的行业是一个竞争非常激烈的领域，那么在创业之初极有可能受到同行的强烈排挤。一些大企业为了把小企业吞并或挤垮，常会采用低价销售的手段。对于大企业来说，由于实力雄厚，短时间的降价并不会对其造成致命的伤害，而对初创企业则可能意味着彻底毁灭。因此，考虑好如何应对来自同行的残酷竞争是企业生存的必要准备。

4. 团队产生分歧的风险

现代企业越来越重视团队的力量。创业企业在诞生或成长过程中最主要的力量来源一般都是创业团队，一个优秀的创业团队能使创业企业迅速地发展起来。但同时，团队的力量越大，产生的风险也就越大。一旦创业团队的核心成员在某些问题上产生分歧不能达到统一，极有可能会对企业造成强烈的冲击。

事实上，做好团队的协作并非易事，特别是与股权、利益相关联时，很多初创时很好的伙伴都会闹得不欢而散。

5. 核心竞争力缺乏的风险

对于具有长远发展目标的创业者来说，他们的目标是不断发展壮大企业，因此，企业是否具有自己的核心竞争力就是最主要的风险。一个依赖别人的产品或市场来打天下的企业是永远不会成长为优秀企业的。核心竞争力在创业之初可能不是最重要的问题，但要谋求长远的发展，就是最不可忽视的问题。没有核心竞争力的企业终究会被淘汰出局。

6. 人力资源流失的风险

一些研发、生产或经营性企业需要面向市场，大量的高素质专业人才是这类企业成长的重要基础。防止专业人才及业务骨干流失应当是创业者时刻注意的问题，在那些依靠某种技术或专利创业的企业中，拥有或掌握这一关键技术的业务骨干的流失是创业失败的最主要风险。

7. 意识上的风险

意识上的风险是创业团队内在的主要风险。这种风险虽表现为无形，却有强大的毁灭力。风险性较大的意识有投机、侥幸、试试看、过分依赖他人等。

（三）价值创造属性

创业是创造不同价值的过程，这种价值的创造需要投入必要的时间和付出一定的努力，承担相应的金融、心理和社会风险，并能在金钱上和个人成就感方面得到回报。创业者的创业活动也许出于多种目的，但根本的动力是获利，这也是创业者的共同心愿。没有利益驱动，人们就不会冒着风险去创业。创业过程中获利的多少，往往是人们衡量创业者创业成功与否的重要标志。

（四）艰难属性

任何创业过程都是艰难的，尤其是白手起家的创业者，往往需要经过多年的艰苦奋斗，甚至倾注大量的心血，创业才能成功。所以，创业者要有吃苦的思想准备。

三、知识经济时代赋予创业的重要意义

（一）知识经济概述

知识经济是以知识为基础的经济，是以现代科学技术为核心的，建立在知识信息的生产、存储、使用和消费之上的经济。知识经济是指知识或现代科学技术作为一种生产要素在社会再生产过程中起主导作用的经济，是与农业经济、工业经济相对应的一个概念，是一种新型的富有生命力的经济形态，其最重要的特征是把知识作为资本

来发展经济。

知识经济的兴起对投资模式、产业结构等方面带来了深刻的影响。在投资模式方面，信息、教育、通信等知识密集型高科技产业的巨大产出和展现出的骤然增长的就业前景，吸引投资者将大规模投资投放到无形资产中。在产业结构方面，一是电子贸易、网络经济、在线经济等新型产业大规模兴起；二是农业等传统产业越来越知识化；三是产业结构的变化和调整将以知识的学习积累和创新为前提，在变化的速度和跨度上显现出跳跃式发展的特征。同时，知识更新的加快使终身学习成为必要。

传统经济主要指农业经济和工业经济，主要依靠人力、物资资源和资本等这样一些生产要素投资的经济增长为特征，因此，是以物质、资本在生产中起主导作用的经济形式。传统经济学的基本出发点有三个"最大限度"：最大限度地开发自然资源，最大限度地创造物质财富，最大限度地获取财富。知识经济也有三个"最大限度"：最大限度地利用知识，最大限度地优化配置自然资源，最大限度地使用高新技术，以替代稀缺资源。

（二）知识经济时代创业的意义

1. 创业是国家发展战略的需要

近年来，中共中央、国务院高度重视创业工作，把全民创业摆在突出的位置。党的十八大明确提出，要统筹推进各类人才队伍建设，实施重大人才工程，加大创新创业人才培养支持力度；要关注青年、关爱青年，倾听青年心声，鼓励青年成长，支持青年创业。当前，我国正处于深化改革开放、加快转变经济发展方式的攻坚时期，鼓励创业，对于提高自主创新能力、建设创新型国家具有重要的战略意义。

2. 创业是增加就业的必然要求

创业是就业的基础和前提，就业离不开创业，创业可以带动就业。任何一个社会，其创业者越多，其生产要素组合就越丰富、活跃，就业也就越容易。德鲁克在研究美国经济与就业关系时发现，创业型就业是美国经济发展的主要动力之一，也是美国就业政策成功的核心。

3. 创业是技术创新的主要实现形式

知识经济的兴起，使知识上升到社会经济发展的基础地位。知识成了最重要的资源，"智能资本"成了最重要的资本，在知识基础上形成的科技实力成了最重要的竞争力，知识已成为时代发展的主流，尤其是以高科技信息为主体的知识经济体系，其迅速发展令世人瞩目。

4. 创业是解决社会问题的有效途径之一

创业能够增加社会财富，促进经济发展和社会繁荣，提供就业岗位，缓解社会就业压力，实现先进技术转化，促进科技创新和生产力提高，使创业者充分发挥才干、实现人生价值、积累财富、满足个人对物质的追求，成为解决社会问题的有效途径之一。

第三节　大学生创业与职业生涯发展

一、创业能力对个人职业生涯发展的意义和作用

创业能力可分为硬件和软件，硬件就是人力、物力和财力；软件就是创业者的个人能力，包括专业技能和创业素质，其中创业素质包括创业热情、态度、价值观、性格和工作能力。

什么是个人职业生涯发展？有两种观点，一种观点从微观视角来定义，它从某一类工作出发，把职业发展看作这一工作的稳定性和进步性。另一种观点从宏观视角来定义，它把职业生涯发展看作是个人长期从事一系列工作的经历。不管哪种观点，职业生涯发展都是一个人的职业经历，它是指一个人一生中所有与职业相联系的行为与活动，以及相关的态度、价值观、愿望等连续性经历的过程，也是一个人一生中职业、职位的变迁及工作、理想的实现过程。职业生涯发展是一个动态的过程。

随着社会的飞速发展，以数字化为特征的信息化革命把人类推向了一个崭新的知识经济时代。新时代的职业发展具有更多的"求职"和"创造新的就业岗位"的新内涵，也把创业与个人职业生涯发展紧密地联系在一起。

创业能力对个人的职业生涯发展起着积极作用。培养创业能力有助于个人正确认识自己和社会环境，充分挖掘自身潜力，调动资源，明确个人发展目标，理智做出决策，并围绕目标展开有效行动，最终实现个人职业生涯目标。

职业生涯发展受社会环境、经济发展、科技进步的影响。创业能力的培养能使个人以开放的心态面对未来的不确定性，以勤奋、踏实、高效的工作态度迎接挑战。

创业能力能够最大限度地激发个人的潜力，达到职业生涯发展的巅峰。在这个风云变幻、精英辈出的时代，创业给每个人创造了一个公平的舞台，每个人都有可能实现自我价值。创业能力的培养，正是创业者一次次超越自我、完善自我、成就自我的重要途径。

创业能力具有普遍性与时代适应性。21世纪的知识经济给社会带来了巨大的变革，尤其是知识产业化、信息产业化的迅速发展，既带来了严峻的挑战，同时也提供了发展的机遇。创业能力的培养顺应了时代的要求，抓住了时代的脉搏。

二、大学生创业

（一）大学生创业的定位

自主创业，不仅是大学生成才的重要模式，更是就业的重要途径。联合国教科

文组织曾提出，21世纪的现代人应有三本"护照"：一是文凭类"教育护照"；二是技术类"职业资格认证护照"；三是创业知识和技能类的"创业护照"。在20世纪末，教育界也曾有过这样的预测：21世纪全世界将有过半的中专生和大学生要走自主创业之路。

（二）大学生创业的优势

1. 有信心

大学生具备"初生牛犊不怕虎"的精神，因此往往对未来充满希望，自信心较足，对认准的事情充满激情，有着蓬勃的朝气，精力旺盛，而这些都是一个创业者应该具备的素质。

2. 思维活跃

大学生思维普遍活跃，能够快速地接受新鲜事物，甚至是潮流的引领者。

3. 有文化

大学生接受了国家高等教育，具有较高的文化水平和学习能力，对事物和知识的领悟力较强。

4. 有创新精神

大学生不墨守成规，保持开放的心态，能用创新的视角审视周边事物，用创新的方法处理各种事宜，敢于挑战传统观念和传统行业。

5. 能证明自己

大学生创业的最大好处在于能提高自己的能力、增长经验，学以致用，实现自己的理想，证明自己的价值。

（三）大学生创业的障碍

1. 意识障碍

大学生社会经验不足，创业初期对市场预测普遍过于乐观，没有充足的心理准备。大学生创业者要看到成功的背后也有更多的失败。只有这样，才能使年轻的创业者们变得更加理智。

2. 经验障碍

大学生缺乏社会经验和职业经历、人际关系、商业网络、市场意识及商业管理经验，这都对大学生成功创业影响重大。大学生有理想与抱负，但往往"眼高手低"，在创业过程中除了"纸上谈兵"之外，对具体的市场开拓缺乏经验和相关的知识。

3. 创新障碍

大学生缺乏真正有商业前景的创业项目，许多创业点子经不起市场的考验，缺乏商业创新能力。有的大学生对创业的理解还停留在美妙的想法与概念上。在大学生创业者提交的相当一部分创业计划书中，许多人还试图用一个自认为很新奇的创意来吸引投资，而现在的投资人看重的是创业计划中真正的技术含量有多高，在多大程度上是不可复制的，以及市场盈利的潜力有多大。

4. 心态障碍

大学生创业首先要有风险意识，要能承受住风险和失败。很多大学生心理承受能力差，遇到挫折就放弃。有的大学生在听到创业前期艰难，还没有尝试就轻易放弃了。而整个社会文化和商业交往中往往不信任年轻人，这就不利于年轻的大学生创业。

5. 能力障碍

大学生创业能力不足，综合素质有待提高。大学生富有创新精神，但还需要市场经验和社会经验，尤其是对创业的艰苦要有充分的心理准备，在综合素质上要有提升。一方面，大学生在意志品质方面，自觉性、坚毅性、自制力等不够彻底，创新精神没有完全形成；另一方面，实践能力、组织领导能力、协调协作能力、沟通能力、创造能力等有待进一步提高。

6. 选择障碍

创业与学业的取舍尴尬。许多大学生因为把主要精力放在创业上，导致学习成绩大幅下滑，有的甚至辍学。大学生知识结构尚不完备，社会实践匮乏，这些正是需要学生在大学阶段通过好好学习提升和完善的。

（四）大学生创业的领域

1. 高科技领域

身处高新科技前沿阵地的大学生，在这一领域创业有着近水楼台先得月的优势。但并非所有的大学生都适合在高科技领域创业，一般来说，技术功底深厚、学科成绩优秀的大学生才有成功的把握。有意在这一领域创业的大学生，可积极参加各类创业大赛，获得脱颖而出的机会，同时吸引风险投资。

2. 智力服务领域

智力是大学生创业的资本，在智力服务领域创业，大学生游刃有余。例如，家教领域就非常适合大学生创业，一方面，这是大学生勤工俭学的传统渠道，积累了丰富的经验；另一方面，大学生能够充分利用高校教育资源，更容易赚到"第一桶金"。

3. 设计领域

设计领域虽然没有太多的高科技，但是一些细节的改动却体现了与众不同的创意思想。大学生思维活跃，求新求变，紧跟时代潮流，能够在这一领域发挥重要作用。

4. 咨询领域

大学生依据专业优势，提供专业意见，在各家企业兼职或成立工作室的可行性也极高，比如旅游咨询、心理咨询、健康咨询等。

5. 小型店面领域

大学生开店，一方面可以充分利用高校的学生资源；另一方面，由于熟悉同龄人的消费习惯，入门较为容易。

三、大学生创业应避开的误区

创业之路绝非一条平坦的大道，我们往往看到成功者所赢得的鲜花与掌声，而忽视了鲜花与掌声的背后充满荆棘与陷阱。创业的失败，总是有这样那样的原因，而不少创业者的失败却在开始就已经注定，因为他们过早地陷入了创业的陷阱，只能在失败的泥潭中越陷越深。因此，在创业的初期阶段，创业者了解创业误区对于规避创业陷阱、取得创业成功具有相当重要的作用。大学生作为一个特殊的创业群体，社会经验较少，创业能力不高，在创业的过程中更应该注意避开可能存在的创业陷阱。

（一）动机不明

每个人对创业都有不同的理解，创业动机也千差万别。最初的创业动机可能直接决定了以后的创业结果，如果仅仅为了追求时尚，或者为了得到财富，或者是迫于目前的窘境，而没有把创业作为一项事业、一种理想，并做好为事业、为理想不懈奋斗的充分准备，那么创业活动很可能在到达成功之前就已经半途而废。

（二）眼高手低

不断涌现的互联网创业故事，使 IT 产业、高科技产业成为大学生眼中的创业金矿，以至于不少学生不屑于从事服务业或技术含量较低的行业，认为凭借自己的专业知识也一定能够再次书写创业神话。但是，盖茨在回顾微软初创时却说："我们创立微软的时候，丝毫没有把它发展成一个大公司的想法，是我们所看到的远景预示了它将成为一个大公司，但是我们还是用最谦卑的态度，一步步地来。之所以选择这个领域切入，是因为我们喜欢，而且对此很兴奋。"

创业的成功往往是多种因素共同作用的结果，除扎实的专业知识之外，丰富的创业经验、畅通的资金渠道、合理的创业者素质等因素都会直接或间接左右创业的结果。大学生如果对自身经验和能力认识不足，对创业的期望值过高，一开始就定位较高，则很容易失败。

因此，大学生创业不妨放平心态，深刻了解市场，从基层做起，从实际做起，走稳创业的第一步。在这个过程中，大学生要以谦虚的态度不断学习，积累经验，提高能力，根据自身实力确定未来的发展方向，切忌好高骛远，不切实际。

（三）纸上谈兵

缺乏经验是目前大学生创业普遍存在的问题，不少大学生创业者不习惯对其产品或项目做市场调查，而是进行理想化的推断，他们的思路往往是这样的："如果有多少人需要我们的产品，每件售价多少元，那我们就有多少的销售额。"这种推断方法是缺乏实际根据的，而且常常起着误导作用。所以大学生在创业初期一定要做好市场调研，一些可行性研究也可委托专业机构进行，在了解市场的基础上进行创业才能长久。

（四）单枪匹马

在强调团队合作的今天，创业者想靠单枪匹马获得成功的概率正大大降低，几乎没有一个人能够完全应付创业过程中出现的种种问题。

在新的创业时代，团队精神已成为不可或缺的创业素质，而如今，大学生一般都有独立的个性，排斥他人的约束，在创业中常常自以为是、刚愎自用，即使身处团队之中，也很难与他人密切合作，这些都降低了创业成功的概率。

知识链接

不甘平庸自主创业

某学生在大学里学的是经济管理专业，毕业后顺利地到一家企业做起了文秘工作。后来他又在多个行业打过工。对于有理想的某学生来说，这些工作很乏味。于是他辞职离开了企业，走上了自主创业之路。

当他在澡堂中看到一位修脚工为患者解除了痛苦，并赢得了顾客的赞许之后深感修脚这个普通的行业其实也是人们生活中不可缺失的。通过拜师学艺，他掌握了修脚的技能。于是，他用仅有的180元同房东商量借用一间房子，开办了他的第一家脚病防治所。

与其他修脚师傅不同的是，他把经济管理的知识运用到创业中，生意红火，不仅拥有7家连锁店，还培训了2000多名来自全国各地的学员，并帮助这些学员中的很多人也走上了自主创业之路。

现在，他在西安又开办了全国第一家脚病专科医院，还热心参与公益事业。经过自己的不懈努力，他已经走上了一条日渐兴旺的发展之路。

学习案例并分成3～5人的小组讨论以下问题：

1. 该创业属于哪种类型？

2. 创业项目成功与否，关键取决于哪些因素？

3. 你怎样看待创业项目与所学专业的关系？

思考与练习

1. 运用所学知识简述创业与就业的区别。

2. 万事开头难，创业也是如此。一般创业都会经历一段初期的困难，结合所学的知识，思考你认为造成创业初期生存困难的主要原因是什么。

3. 随着"互联网＋时代"的到来，网络与传统行业的跨界融合越来越深入，也给创业者带来了来越多的机会，你认同这一观点吗？简述理由并说明你认为最有可能成功的创业项目。

4. 搜寻一下国内著名创业成功企业家的创业案例，以其中一人为例，描述他身上拥有的创业精神并结合创业要素的理论，分析他们是如何将这些要素积累起来的。

5. 运用头脑风暴的方法，讨论在创业过程中的收获有哪些。

6. 职业前景光鲜的高校研究生为何会选择创业？如果是你，你会选择就业还是创业？为什么？

第三章　创业者与创业团队

第一节　创业者

一、创业者

1800 年，法国经济学家让·巴蒂斯特·萨伊首次给出了创业者的定义，他将创业者描述为将经济资源从生产率较低的区域转移到生产率较高区域的人，并认为创业者是经济活动过程中的大代理人。著名经济学家熊彼特则认为创业者应为创新者，这样，创业者概念中又加了一条，即具有发现和引入新的更好的能赚钱的产品、服务和过程的能力。在学术界和企业界，创业者被定义为组织、管理一个生意或企业并承担其风险的人。

综上所述，所谓的创业者，是主导劳动方式的领导人，是具有使命、荣誉、责任感和思考、推理、判断能力的人，是能使他人追随并在追随的过程中获得利益的人。同时，创业者也是指在高度不确定性的环境与资源约束条件下识别机会，并迅速做出决策与行动，利用与开发机会创造商业价值的人。

（一）创业者的特质

创业者特质是指创业者特有品质和特征组成的集合。

1. 创新

创新是创业精神的本质所在，因此，创业者是那些趋向于创新精神的人。他们能改变资源的产出，运用新的方法迎接不同的挑战。

2. 高成就导向

创业者几乎无一例外都是目标导向型的行为个体，具有追求卓越的动力、强烈的事业心和坚定的信心，因而，他们很自然地设定个人目标，并且确保成长以实现这些目标。

3. 独立

创业者是独立自主个体。他们大多数人都高度地自我依赖，并且许多人很自然地偏向于独立工作来完成目标。

4. 掌控命运的意识

创业者很少把他们自己看作是环境的受害者，而是自己掌控自己的命运。这可能是由于他们具有把消极环境视为机会而不是威胁的思维趋向。

5. 风险承担

风险和不确定性存在于创业的每个环节。虽然目前没有证据显示任何理性人（包括创业者）为了风险带来的利益而去寻找风险，但是有大量证据表明，创业者对于风险有更多的包容性，敢于去利用机会谋利，并且在寻找降低风险措施方面更具有创造性。风险承担被认为是一种稀缺的资源禀赋，是一般自然人普遍缺乏的素质，因此，风险承担是创业者的独有特质。

6. 对不确定性的包容

创业者总是比其他人更能适应如何对待动态变化和不是特别明确的情况。

（二）创业者的素质

1. 欲望

欲望被列在中国创业者素质的第一位。创业者的欲望和普通人的欲望不同之处在于他们的欲望往往超出现实，往往需要打破现在的立足点才能够实现。所以，创业者的欲望往往伴随着强大的冒险精神。

一个真正的创业者一定具有强烈的欲望。有人一谈起这些就觉得很庸俗，甚至一些成功者亦不愿提及这样的话题，特别是一涉及钱，便变得很敏感。其实完全不必如此，在市场经济、竞争环境下，创业者完全可以轰轰烈烈、堂堂正正地追求自己正当的需求。

2. 忍耐

忍耐是创业者必须具备的素质。"艰难困苦，玉汝于成""筚路蓝缕"都是说创业不易。肉体上的折磨还好一些，挺一挺就过去了，而精神上的折磨往往是常人难以忍受的。肉体上和精神上的折磨是创业者成功路上的必修课，可以"曾益其所不能"。创业者一定要有一种坚韧不拔的定力与意志。

▶▶ 知识链接

患难生忍耐

乔布斯在斯坦福大学毕业典礼上的演讲中自述当年的穷困潦倒："当我休学之后，

我没有宿舍，所以睡在友人家里的地板上，靠着回收可乐空罐的5先令退费买吃的，每个星期天得走7英里路，绕过大半个镇去印度教的哈而·克里什那神庙吃顿好饭，追寻我的好奇与直觉，我所驻足的大部分事物，后来看来都成了无价之宝。"

3. 眼界

对于创业者来说，必须见多识广。广博的见识、开阔的眼界，可以很有效地拉近自己与成功的距离，使创业少走弯路。眼界决定了创业者的创业思路。一般而言，创业者的创业思路有几个共同来源：职业、阅读、行路、交友。

4. 明势

创业者一定要跟对形势、研究政策，这是大势。在政策方面，国家鼓励发展什么、限制发展什么，对创业成败有莫大的影响。做对了方向，顺着国家鼓励的层面努力，可能事半功倍；做反了方向，则一定会鸡飞蛋打。

5. 敏感

创业者的敏感是指对外界环境变化的敏感，尤其是对商业机会的快速反应。

6. 人脉

创业不是引无源之水，栽无本之木。创业需要资源，而其中最重要的是人脉资源，即创业者构建人际关系网或社会网络的能力。一个创业者如果不能在最短的时间内建立起自己最广泛的人际网格，那么他的创业一定会非常艰难，即使其初期能够依靠领先技术或者自身素质获得某种程度上的成功，我们也可以断言他的事业一定做不大，正所谓有钱比不过"有人"。创业者的人脉资源，一是同学资源，二是职业资源，三是朋友资源。

7. 谋略

商场如战场，在产品同质化严重、市场有限、竞争激烈的情况下，创业者的智谋将在很大程度上决定其创业成败。谋略，说白了就是一种思维方式和处理问题、解决问题的方法。对于创业者来说，智慧是不分等级的，它没有好坏、高明不高明的区别，只有好用不好用、适用不适用的问题。

8. 胆量

创业本身就是一项冒险活动，必然伴随风险。因而，创业需要强大的心理承受能力，需要胆量、胆识，需要冒险。冒险精神是创业家精神的一个重要组成部分，但创业毕竟不是赌博。冒险是经过努力有可能得到，而且那东西值得你努力，否则，就只是冒进。创业者一定要分清冒险与冒进的区别。无知的冒进是鲁莽和愚蠢，会使创业行为变得毫无意义，并且惹人耻笑。

9. 分享

作为创业者，一定要懂得与他人分享。一个不懂得与他人分享的创业者，不可能将事业做大，甚至创业尚未成功就"财聚人散"了。分享不是慷慨，对创业者来说，分享是明智的。

10. 自省

自省其实是一种学习能力。创业既然是一个不断摸索的过程，创业者就难免在此过程中不断地犯错误。自省，正是认识错误、改正错误的前提。对创业者来说，自省的过程就是学习的过程、进步的过程。成功的创业者有一个共同之处，就是都非常善于学习，非常勇于进行自我反省。

一个创业者，遭遇挫折，碰上低潮都是常有的事，在这种时候，自我反省精神能够很好地帮助创业者渡过难关。对于创业者来说，应该时刻警醒、反省，唯有如此，才能时刻保持清醒。

（三）创业者的能力

创业能力是指在一定条件下，识别机会、追求机会、获取和整合资源并创造商业价值的能力。创业能力对行为个体是否选择创业具有显著作用，是提高创业实践活动效率和创业成功的关键要素。创业能力主要分为机会识别与开发能力、关系能力、人际沟通能力、组织管理能力、战略管理能力和领导力。其中机会识别与开发能力是行为个体完成创业者角色的最直接的能力。

1. 机会识别与开发能力

机会识别能力是指洞察具有潜在商业价值的初始创意，并将识别出来的机会予以落实、做出与众不同决策的能力。正是由于这种识别能力的差异，当创业机会一旦显现时，大部分人并不能够明显地感知，仅有少数人能够敏锐地洞察或发现。同样，基于这种机会开发能力的差异，只有少数人在发现机会后能迅速行动，开展创业活动。因此，对一个名副其实的创业者而言，最核心的能力是"识别、预见并利用机会"。成功创业者需要具备的最基本能力，就是能够正确地识别和选择一瞬即逝的商机。事实上，机会识别能力不仅是创业过程开始的基础，而且也是企业成长的必要条件。强大的机会识别与开发能力，有利于发现更多的创新机会，选择更有竞争优势、突破性的创新方式，进而抢占企业发展的先机。

2. 关系能力

关系能力有助于创业者获得更加有效的信息，从而突破自身局限去拓宽市场。具有较强关系能力的创业者，通常在创建新企业过程中能够妥善处理与公众(政府部门、新闻媒体、客户等)之间的关系，并能争取政府部门的支持与理解，善于团结各利益相关者，求同存异，共同协调发展，并通过政府关系的话语权以及资源分配权来提高自身的市场认可程度。新创企业的生存和成长是不断建构、维持和治理外部交易网络的过程。创业者建立和拓展交易关系的目的在于资源获取和资源交换。因此，良好的关系能力是创业能够快速成长的关键，也是创业者取得成功的重要个体特质。

3. 人际沟通能力

新创企业的成功与否，关键在于创业者是否具备与他人共同和谐工作的能力。在创建新企业的过程中，存在各种不确定的环境因素，要与众多合作伙伴和谐交往，创业者的人际沟通能力有着至关重要的作用。

4. 组织管理能力

组织管理能力是指为了有效地实现目标，灵活运用各种方法，把各种力量合理地组织和有效地协调起来的能力，包括协调关系的能力和善于用人的能力。组织管理能力是一个人的知识、素质等基础条件的外在综合表现。

5. 战略管理能力

战略管理能力是创业者根据新创企业内部与外部环境，制定企业发展战略并实施的能力。战略管理能力是新创企业赢得竞争优势的关键，可以帮助创业者制定合适的企业战略、培育企业的战略管理团队、通过选择适合于企业的商业运作模式等方式来实施战略。

6. 领导力

领导力是创业者素质的核心，能反映出创业者的个体素质、思维方式、实践经验以及领导方法。创业者的领导力对企业成长非常重要。伴随着企业的发展壮大，创业者和管理者角色与技能的逐渐演变，创业者从直接控制每一个员工转变为控制手下的管理人员，他们不仅要承担企业的战略发展，还需要持续从事日常经营活动，进行各种专业化的规范管理。

新创企业过程中，创业者的领导力主要表现为：

(1)使每一个团队成员相信自己是组织中的重要一员，具有归属感；

(2)能有效消除创业团队成员的消极心理；

(3)能将企业目标与创业团队目标、团队成员个体目标有机结合，融为一体；

(4)能尽可能地避免或消除创业过程中的不良工作作风，为他人树立良好的榜样；

(5)善于反思创业过程的不足之处，从失败中吸取教训；

(6)能够公正而诚实地对待他人；

(7)善于在创业过程中不断地自我激励并激励、调动他人的工作热情，组建和谐创业团队。

二、创业动机

（一）创业动机的内涵

创业动机是个体的一种意愿，这种意愿会影响创业者去发现机会、获取资源以及开展创业活动。创业动机直接影响到创业者的努力程度，即其愿意投入多少个体资源(包括禀赋资源与社会网络资源)开展创业活动。马斯洛需求层次理论把人类需求分成生理、安全、社交、尊重和自我实现五类，依次由较低层次到较高层次。创业者的创业动机产生也不例外。如不同学识、技能、背景的创业者创业动机存在显著差异。学识技能低的创业者以生存型创业类型为主导，更趋向于希望维持生计和获得好一点的财富回报，学识技能高的创业者更多的是机会型创业，他们更趋向于为了开创事业的追求，把创业当作一项具有挑战性的工作来对待。

基本的创业动机包括如下几种：

1. 做自己的老板，拥有梦想并创建属于自己的企业，即追求自由的需要。很多人喜欢自主，不喜欢受别人约束和管理，追求时间和财务的自由，最终选择了创业。

2. 追求个人创意。当天生机敏的创业者认识到新产品或服务创意时，常常具有使创意变为实现的意愿，即自我价值实现的需要。一些拥有自主知识产权、客户资源或新创意的人，为了追求自我理想和价值的实现，他们不惜付出大量的时间和精力，甚至选择离开原有企业，开始自己的创业生涯。

3. 获得财务回报，改善个人与家庭的生活质量。无论何种形式的商业创业，其共同的出发点之一是获取财富回报。事实上，也正是对财富回报的追求，才鼓励一代代创业者冒险去挖掘商业机会，带动社会经济向上发展。

4. 单靠自由市场体系和政府，一些社会问题和没有满足的社会需要始终存在。一些创业者受社会利益驱动，能够用新办法去解决主要问题，而且坚持不懈地追求自身愿景，满足社会需要。

（二）创业动机产生的驱动因素

创业者选择创业的动机受诸多直接和间接因素的影响。研究表明：创立企业的追求以及持续经营企业的意愿都和企业家的动机有着直接的关系。具体的目标、态度和背景都是决定企业家最终满足感的重要因素。

图 3-1 阐述了企业家激励过程中的关键因素。决定进行创业的是几个因素共同作用的结果，包括创业者的个性特点、个人背景、相关的商业环境、个人目标和可行的商业创意。在创业过程中，创业者会将创业的实际结果和先进的创业预期进行对比。

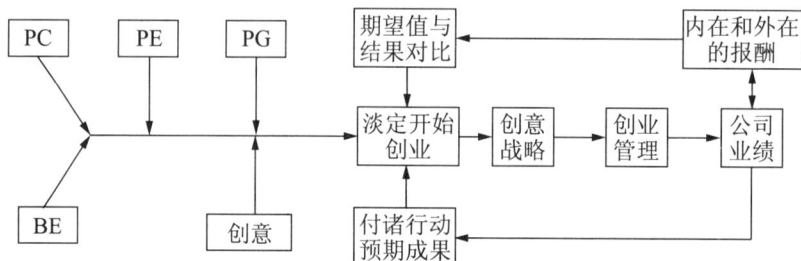

注：PC（个性特征）；PE（个人背景）；PG（个人目标）；BE（商业环境）

图 3-1　创业激励模型

未来是否持续创业行为的基础正是这些对比的结果。当结果满足或超越期望时，创业行为便会得到积极强化，创业者会持续受到激励，坚持创业。这里的创业既指在现有企业的创业行为，也可指重新创办新的企业，这受制于现有的创业目标。当结果未能满足期望时，企业家的激励水平降低，并且会相应地影响其继续创业的决定。当然，这些感知还会影响随后的战略制定和公司的管理。

1. 直接因素

依据马斯洛的需求层次理论，当自然人的某一层次需求得到相对满足之后，更高一层次的需求才会成为主导需求，并最终形成优势动机，成为推动个体行为的主要动力。创业者的需求层次不同，由此产生的创业动机也存在差异。根据需求驱动的不同，创业可分为生存型创业和机会型创业。

2. 间接因素

创业者的需求层次还受诸多具有长远意义的宏观因素影响。这些因素包括社会保障、收入水平、个人特征等。社会保障和长期收入水平高低都可以提高或降低人们的需求层次。创业者的受教育水平、经验和经历不同形成了创业者需求层次的多样化。马克·J. 多林格在《创业学：战略与资源》中提出了一个社会学分析框架，描述了动力因素与情境因素的协同作用对创业者做出创业决定的影响。

研究表明，驱动创业者做出创业决定的因素主要包括不利境况触发的创业活动、成功创业者榜样力量点燃的创业活动、创业者不同寻常经历激发的创业活动和由情景感知催化的创业活动。

三、大学生创业

（一）大学生创业的素质

创业者的成功各有千秋，学者们对创业者素质的界定也不尽相同。大学生如果想要踏上艰苦的创业之路，应在大学期间有意识地自我培养、自我锻炼、自我提升，为创业打下良好的基础。

1. 心理素质

所谓心理素质是指创业者的心理条件，包括自我意识、性格、气质、情感等心理构成要素。创业者自我意识特征应为自信和自主；性格应刚强、坚持、果断和开朗；感情应更富有理性色彩。

▶▶ 知识链接

创业者的心理资本

2002 年 11 月的一期《哈佛商业评论》在《你能成为创业者吗》一文中提炼出了测试人们是否具有创业潜质的"pH 试纸"。该文通过 5 个问题来了解创业者的特质：你是否能灵活地运用规则；你能否和强大的竞争对手竞争；你是否有耐心从小事做起；你是否愿意迅速调整战略；你是否善于达成交易。

创业者需要具备成就动机、自信、执着、高情商、冒险精神等特质，这些特质是多年生活沉淀下来的，对创业行为有着深远影响。

（1）成就动机

所谓成就动机，是个体追求自认为重要、有价值的工作，并使之达到完美状态的动机，即一种以高标准要求自己力求成功达到目标的内在动力。创业者是不甘于平庸的群体，他们具备很高的成就动机，并且勇于接受挑战和考验，希望创造出一番事业。

（2）自信

产生自信是指不断地超越自己，产生一种来源于内心深处的最强大力量的过程。成就事业就要有自信，有了自信才能产生勇气和毅力，困难才有可能被战胜，目标才可能实现。但是自信绝非自负，更非痴妄，自信唯有建立在诚实和自强不息的基础之上才有意义。大学生创业者需要建立对自己的信心和对创业成功的信心，这两种信心需要在不断完成任务的过程中加以强化。心理学有很多方法和技巧可以让人更加自信，但归根到底自信是源自实力，而不是简单的成功学激励，只有自己的知识和能力达到了一定水平才是真实的自信，因此，自信需要在不断取得进步的过程中一点一点地构建。

（3）执着

正如比尔·盖茨所说，巨大的成功靠的不是力量而是韧性。社会竞争常常是持久力的竞争，创业的成功是大浪淘沙的结果，唯有有恒心和毅力的创业者才会笑到最后。创业的过程漫长而艰苦，充满了各种各样的风险，所以要扛过去靠的不仅仅是对财富的渴望，更是对自己心中梦想的执着。

执着的品质是当代大学生群体比较缺乏的。20 世纪 80 年代以后相对安逸的家庭环境以及一直在校园中学习，年轻一代很少经历挫折和大风大浪。因此，有志于创业的大学生要有意识地培养执着的品质，从小事做起，并坚持较长的一段时间，如坚持每天写一篇日记、每天阅读 50 页书、每天锻炼 30 分钟等，既达成了计划的目标，又培养了执着的精神。

（4）情商

"情商之父"丹尼尔·戈尔曼认为一个人的成功，智商的作用只占 20%，其余 80%是情商的因素。情商包括了解自我、自我管理、自我激励、认识他人情绪、人际关系能力。情商和领导力有比较大的关联，提高情商有助于领导水平的提高。

（5）内外控制源

控制源是指人们对行为原因的一般性看法。控制源被划分为两个维度，即内控与外控。内控者倾向于把自己的成败归因于自身因素，而外控者常把行为的后果看成是机遇、运气或超出自身能力之外的外部力量所决定的。研究表明，创业者宁愿采用并支持明白无误的规则而不愿把事情归咎于一些外在因素。

（6）个人主动性

有研究表明，个人主动性水平高者能充分利用挑战和机会甚至能在这些基础上进行创造，能积极投入新工作的创新上。个人主动性可以作为协调人类资源管理系统和组织绩效的一个因素，相对非创业者来说，创业者在个人主动性上的得分更高并更能克服困难。库普等人还发现个人主动性与创业的成败有一定的关系。

2. 身体素质

所谓身体素质是指身体健康、体力充沛、精力旺盛、思路敏捷。现代小企业的创业与经营是艰苦而复杂的，创业者工作繁忙，压力大，如果身体不好，必然力不从心，难以承担创业重任。因此，创业者需要有良好的身体素质来做基础，"革命的本钱"要在年轻的时候就存好，待到创业时就能发挥最大作用。

▸▸ 知识链接

创业的首要条件

零点集团的董事长袁岳认为创业并不是有智慧就可以了，创业在本质上是拼身体、心理、耐力与人脉。袁岳认为大学生创业的首要条件就是身体要超级好，能做到天天出操再去创业。"创业和早上出操有什么关系？"袁岳是这么回答的："如果你因为老师没有要求你做到天天出操就不这样做，那么创业也不是老师要求的。连天天坚持出操都做不到的人，要干每天都出操的创业更是纸上谈兵。"

此外，创业是一件非常辛苦的事情，一般创业者都要经受超过常人的工作负荷和心理负担，如履薄冰地经营企业，身体素质的好坏就决定了创业能够走多远。我们经常会听到一些企业家年纪不大就突然去世了，也时常听到一些高科技行业的精英英年早逝，这都是沉重的代价。读书期间是锻炼身体的最好时期，有时间也有良好的设施环境去锻炼。每个创业者都可以培养自己某项或几项运动的兴趣爱好，还能在锻炼过程中拓展人脉，学会团队合作和提升领导力。

3. 知识素质

创业者的知识素质对创业起着举足轻重的作用。创业者要进行创造性思维，要做出正确决策，必须掌握广博的知识，具有一专多能的知识结构。具体来说，创业者应该具备行业知识、商业知识和综合知识这三类知识。行业知识是选择创业机会的基础，掌握商业知识能够知道企业的经营管理，综合知识则是建立良好社会关系的基础。

(1) 行业知识

大学生创业者必须对所要进入的行业有相当深入的了解，这是寻找和把握创业机会的关键。在准备创业的时候，创业者有必要全面了解行业的发展历程、现状、前沿趋势与竞争格局，透彻理解市场需求情况，尤其要从顾客角度来理解行业知识，进而了解行业内的成功案例，熟悉相关的产品服务以及技术知识。

（2）商业知识

创业团队有必要掌握市场营销、财务管理、法律、决策、谈判与商务礼仪等涉及商务方面的基础知识，这是经营管理中需要掌握的技能。大学生创业者学习商业知识的方法主要是从书本中学习，其次是从实践中学习和向成功企业家学习。

（3）综合知识

在校大学生的知识面有一定的局限，以至于很多大学生在走上职业生涯之后相当一段时间内难以与社会上的人进行顺畅沟通。学生对生活中的沟通话题了解太少或者过于僵化，而这些知识是学校里不曾教的，学生要靠自己敏锐地发现、感悟和学习。

在商务交往中有一个现象，人与人之间的非正式沟通比正式沟通花的时间还要长，大约占到70％，话题知识的掌握就直接决定了这大部分非正式沟通时间的沟通效果。创业者们有必要对一些沟通话题产生兴趣，并且要有涵养，如子女教育、健康、投资理财、历史文化、休闲旅游、汽车、体育运动、时尚科技等。综合知识的学习需要日积月累，大学生可以从自己最感兴趣的内容入手拓展学习。

4. 能力素质

创业者至少应具有创新能力、学习能力、交际能力和领导能力等能力素质。

（1）创新能力

创新是创业者发掘机会、将机会转化成市场概念的过程，是创业者必备的素质。创业者需要不断训练自己的创新思维，并且越早开始越好。日本管理大师大前研一还在麦肯锡咨询公司工作的时候，每天上班坐电车的时间来思考电车上的十几条广告，思考有什么更好的广告词，要是自己来做这个广告会怎么做，这样训练他的创新思维能力和思考的习惯。

（2）学习能力

人类社会进入知识经济时代，人们创造的知识总量也越来越多，知识与技术的更新越来越快，正如摩尔定律所预示的，新技术、新产品的生命周期越来越短。因此，人们需要快速地学习、不断地学习，才能跟上知识潮流的步伐并力争引领潮头。

创业的道路上充满了未知，没有现成的经验可以照搬，创业者只有从书本上与实践中不断地学习、思考，才能成长起来。虽然大学生在学校学习了多年，但不代表真正具备了学习的能力，因为创业者需要的学习能力比一般的学习更具有"功利性"，如重在掌握知识的逻辑演绎，并且能够灵活重组或创造性地运用所学内容处理实际中遇到的问题。

（3）交际能力

人际交往能力是创业不可或缺的能力之一。有一种流行的说法是一个人能否成功，不在于你知道什么，而在于你认识谁。人际交往能力强的人，可以在关系网络中穿梭自如，解决别人难以解决的问题，大大提高工作效率，也能与周围的伙伴愉快地合作，从而产生强大的凝聚力。创业者需要深刻理解商业社会人际关系的核心原则是互利双赢，人际关系稳固的根基则是信誉，这是人际关系可持续发展的基本保障。

（4）领导能力

创业者需要具备和谐的领导能力。领导能力可以理解为一系列行为的组合，这些行为将激励人们追随领导去要去的地方。在组织中各个层次我们都可以看到领导力，这是事业有序经营的核心。创业团队一定要有一个灵魂人物，他可以指引方向，凝聚人心和协调团队成员。创业型企业初期的管理通常是不规范的，需要创业团队不计个人得失地付出，这就需要领袖人物来引领和激励大家共同前行，克服创业过程中的种种困难。

当然，这并不是说创业者必须完全具备以上这些素质才能去创业，但创业者要有不断提高自身素质的自觉性和实际行动。提高素质，一靠学习，二靠改造。要想成为一个创业者，就要做一个终身学习者和改造自我者。哈佛大学拉克教授讲过这样一段话："创业对大多数人而言是一件极具诱惑的事情，同时也是一件极具挑战的事。不是人人都能成功，也并非想象中那么困难。但任何一个梦想成功的人，倘若他知道创业需要策划、技术及创意的观念，那么成功已离他不远了。"

（二）大学生创业与学业

大学学习能帮助大学生提高综合能力。关于大学生的经商创业，在社会上一直有两种声音：一种是大学生毕竟还是学生，理当以学业为主；另一种是有一些短见的家长让孩子退学外出打工经商，他们认为读书只是一个阶段性的手段，就业、创业从而为社会创造效益和财富才是最终目的。学生已经具备了到社会上去大显身手的实际能力，那么他们离开学校全力以赴提升创业就是一件合情合理的事。

当前，社会大力倡导大众创业、万众创新，大学生投身到火热的创业中是主动对接大众创业、万众创新的新任务的一种积极表现。但是如何实现学业与创业的零距离融合，是当代大学生要慎重考虑的问题。为此，下文将为大学生厘清创业是否必须要辍学，以及创业与升学、出国留学、就业之间的关系。

1. 创业不一定要辍学

（1）集中精力学习，为创业、就业积累必备能力

大学生在校期间的学业对将来的创业和就业会有极大的帮助，甚至必不可少，因此，大学生不要轻易放弃学业，要集中精力学习，为创业、就业积累必备能力。若放弃学业，全身心投入创业中，大学生将很难有时间、精力以及学习资源去进行系统的学习。如果不能系统地学习，那么就没有扎实的专业基础，也就无法飞得更高更远。

▸▸ 知识链接

学以致用——大学学习为梦想筑台

陈某，计算机专业大二学生。他想研发一个大学生校园生活服务O2O平台，以

"互联网+传统商店"的方式去创业，让大学城的商店入驻他研发的平台，促销商品，从中抽成，进行创业实践，同时也为大学生生活服务。这个创业项目的核心是研发出O2O平台，然后进行推广。不管是他自己研发，还是借助他人进行研发，目前他都必须让自己的学业精进，积极从课堂、老师、网络、书籍等多渠道吸取养分，尽快让自己的专业强起来，以能研发出好用的O2O平台或能判断研发出的O2O平台是否好用。

高校目前非常重视创业教育，提供生涯教育、团队训练、岗位见习、社团、第二课堂、创业实践基地等活动训练，深入社会实践基地了解企业运作，有机整合第一课堂课程教学和第二课堂创业实践活动，唤醒、挖掘大学生的创业潜能，鼓励大学生开拓、增强创造性思维培养，提升创业受挫力，着力培养大学生的创新精神和人文素质。

再者，社会对大学生创业之所以充满信心，一个极重要的原因是大学生创业者具有相对较高的科技创新能力。事实上，分析近一两年涌现的大学生成功创业的整体情况可以看到，这类创业大学生大都有着较好的学业基础，他们在创造性思维、科技发明创新、开拓进取等方面走在前列。他们将所学成功用于实践，充分发挥学业的优势，而实践又反过来推动他们的学业进步。所以，大学生不要放弃学业，应该努力把专业学好学精。

（2）重点分明，边创业边提高综合素养

大学生所学专业与今后想从事的工作和创业完全不相关，或者对此专业的学习完全没兴趣，则可以考虑侧重创业，边创业边学习边提高自己的综合素养。大学生可以专注于自己的创业项目和与创业项目相关知识的学习，拓展课外知识，参加有意义的社会实践活动，不断充实自己，为创业就业铺路。

2. 升学可以为创业积累知识、能力与人脉资源

大学生在设计个人创业生涯时，应该把眼光放长远，保持清醒的头脑，明确自己想要什么，往哪个方向发展，为此狠下功夫，争取所需的优势和资源。升学不但对日后的就业有帮助，对创业也助益不少。大学生在本科、研究生阶段积累的社会资源更紧密，更强有力，更有针对性，因为导师和同学这些实力派和潜力股日后在业内发展能互相帮助。而相关的项目资源更是拓展人脉和资本的好机会。这种机会和关系都是现阶段难以得到的。

3. 留学可以更好地激发创业意识，提升创业素养

留学学习可以接触世界上不同国家的先进技术和教育形式，参加国内外的学术会议和学术访问，在原来的基础上更进一步发展，可以为将来的就业和创业打好基础，尤其是如果毕业后回国发展，这一优势更加明显。国外留学将要面对不同的文化、不同种族的人，因此，大学生必须学会与这些不同文化背景的人打交道，并同时形成新的生活方式和思想观念，这是人生的一次飞跃，个人的胸怀、素养与气质也会发生质的变化。因此，留学学习与人交往的素养和环境适应能力的培养，对大学生创业将有极其重要的影响。

4. 先就业再创业可以更多地积累社会经验与创业资本

许多创业成功者建议有创业想法的大学生并不一定在学校时就选择创业，而应该

客观认识自己，合理、全面评估自我的主客观条件。如果个人抗风险能力和专业能力能够达到创业的要求，直接创业是没有问题的；但如果能力不足，对创业环境掌控力较弱，那么选择创业明显是不理智的，应该先选择就业，利用几年的培训，丰富个人的社会知识和各方面的操作经验，这样日后创业成功概率才会更高。

第二节　创业团队

一、创业团队的组建

（一）创业团队的内涵

团队是由一群有着共同目标、有着分工而又协同的人形成的战斗团体。团队不同于群体，群体可能只是一群乌合之众，并不具备高度的战斗力。

1. 团队形成的要素

（1）目标

创业团队应该有一个既定的共同目标为团队成员导航。目标在创业企业的管理中以企业的愿景、战略的形成体现出来，可以说，一个团队没有目标就没有存在的价值。

（2）人员

人员是构成创业团队最核心的力量，团队应该充分调动创业者的各种资源和能力，将人力资源进一步转化为人力资本。

（3）定位

首先是创业团队的定位，创业团队在企业处于什么位置，由谁选择和决定团队的成员，创业团队最终应对谁负责，创业团队采取什么方式激励下属。其次是个体创业者的定位，作为成员在创业团队中扮演什么角色，是制订计划还是具体实施或评估等。

（4）权限

创业团队中领导人的权力大小与其团队的发展阶段相关。一般来说，在发展的初期阶段，领导权相对比较集中，创业团队拥有的权力很小。

（5）计划

计划有两层含义：一是目标的最终实现，需要一系列具体的行动，可以把计划理解成达到目标的具体程序；二是按计划进行可以保证创业团队顺利完成进度，只有在计划的操作下创业团队才会一步一步地贴近目标，最终实现目标。

2. 团队形成的角色

一个完整的团队应该配备怎样的角色，成员们各有各的观点。但是，队长、评论员、执行人、外联负责人、协调人、出主意者、督查等角色，都是人们经常见到的团队中的活跃分子。

团队中的各个角色及其主要任务及特点大致可从表 3-1 中窥见一斑。值得一提的是，在大多数的团队中，通常不是一个人担当一个角色，最常见的情况是核心人员一个人担当两个角色，甚至更多。

表 3-1   团队中的各个角色及其主要任务及特点

队员角色及其主要任务	特点
队长： 发现新成员，并提高团队合作精神	对团队中每个成员的才能和个性有着敏锐的判断力； 善于克服弱点； 一流的联系人； 善于鼓舞士气，激发工作热情。
评论员： 监护人和分析家，使团队保持长久高效地工作	要求最好的答案； 分析方案、找出团队弱点的专家； 坚持错误必须改正，而且铁面无私； 提出建设性意见和建议，指出改正错误的可行性方法。
执行人： 保证团队行动的推进和圆满完成	思维条理清楚； 预见可能出现的拖延情况，并及时做出预防； 具有"可以完成"心理，且愿意努力完成； 能够重整旗鼓，克服失败。
外联负责人： 负责团队的所有对外联系事务	具有外交才能，善于判断他人的需求； 具有可靠、权威的气质； 对团队工作有整体了解； 处理机密事务时小心谨慎。
协调人： 将所有队员的工作融合到整个计划中	清除困难任务之间的联系； 了解事情的轻重缓急； 能够在极短时间内掌握事情的大概； 擅长保持队员之间的联系； 能熟练处理可能发生的麻烦。
出主意者： 维持和鼓励团队创新能力	热情，有活力； 对新主意有强烈的兴趣，欢迎并尊重他人的观点； 将问题看成成功革新的机会而非灾难，永不放弃任何有希望的意见。
督查： 保证团队工作高质量完成	严格要求团队遵循严格的标准； 对他人的表现明察秋毫； 发现问题绝不拖延，立即提出，是非分明。

（二）创业团队的类型

从不同的角度、层次和结构，创业团队可以划分为不同类型。例如，星状创业团队、网状创业团队和虚拟星状创业团队。

1. 星状创业团队

团队中有核心领导，充当了领队的角色。这种团队在形成之前，一般是核心人物有了创业的想法，然后根据自己的设想进行团队的组织。因此，在团队形成之前，核心人物已经就团队组成进行过仔细思考，根据自己的想法选择相应人员加入团队。这些加入创业团队的成员也许是核心人物以前熟悉的人，也有可能是不熟悉的人，但这些团队成员在企业中更多的是支持者的角色。

这种类型的创业团队有几个明显的特点：一是组织结构紧密，凝聚力强，主导人物在组织中的行为对其他个体影响巨大；二是决策程序相对简单，组织效率较高；三是容易形成权力过分集中的局面，从而使决策失误的风险加大；四是当其他团队成员和主导人物发生冲突时，因为核心主导人物的特殊权威，往往使其他团队成员在冲突中处于被动地位，情况严重时还会选择离开团队，因而对组织的影响较大。

2. 网状创业团队

网状创业团队的成员一般在创业之前都有密切的关系，如同学、亲友、同事、朋友等。创业者一般都是在交往过程中，对某一创业想法有共同认识，并就创业达成了共识以后开始创业。在创业团队组成时，没有明确的核心人物，大家根据各自的特点进行自发的组织角色定位。因此，在企业初创时期，各成员基本上扮演的是协作者或者伙伴角色。

这种创业团队的特点如下：一是团队没有明确的核心，整体结构较为松散；二是组织决策时，一般采取集体决策的方式，通过大量的沟通和讨论达成一致意见，因此组织的决策效率相对较高；三是由于团队成员在团队中的地位相近，因此容易在组织中形成多头领导的局面；四是当团队成员之间发生冲突时，一般采取平等协商、积极解决的态度消除冲突，团队成员不会轻易分开，但团队成员间一旦冲突升级，可能某些团队成员选择退出，就容易导致整个团队的分裂。

3. 虚拟星状创业团队

这种创业团队是由网状创业团队演化而来的，基本上是前两种的中间形态。在团队中，有一个核心成员，但是该核心成员地位的确立是团队成员协商的结果，因此，核心人物从某种意义上说是整个团队的代言人，而不是主导型人物，其在团队中的行为必须充分考虑其他团队成员的意见，不如星状创业团队中的核心主导人物那样有权威。

（三）创业团队的组建原则

组建创业团队一般要遵循"树立正确的团队理念，确立明确的团队发展目标，建立责、权、利相统一的团队管理机制"的原则，具体要做到以下几点：

1. 人数合理

一般而言，创业团队人数控制在3～5人为宜。刚开始创业的时候，往往会碰到很多意料不到的问题，人少了，团队的群体效应发挥不出来；人多了，团队思想不容易统一。人数合理，便于领导与任务分工协调的有效开展，保证各项工作完成的速度和质量，提高办事效率，占据有利的市场地位。

2. 技能互补

创业团队应包括的基本人才有：管理型人才，负责团队工作调配与应急事务处理等；营销型人才，负责创业计划书的起草修正及市场调研推广等；技术型人才，负责创业项目研发、技术支持和专业服务等。创业团队基本架构如图 3-2 所示。

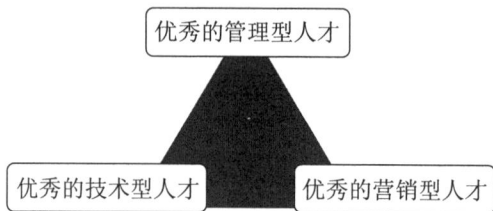

图 3-2 创业团队基本架构

3. 目标统一

目标在团队组建过程中具有特殊的价值。目标是一种有效的激励因素，既能帮助团队成员看清未来发展方向，又能激励创业团队勇于克服困难，取得胜利。目标还是一种有效的协调因素。团队中各种角色的个性、能力有所不同，只有目标真正一致、齐心协力的创业团队才会取得最终的胜利与成功。

二、创业团队的管理

创业团队管理就是强调团队的整体利益、目标和凝聚力。团队中的每一个成员围绕共同的目标而发挥自己最大的潜能，而管理者的任务则是为员工创造积极、高效的工作环境，并帮助他们获得成功。

（一）团队目标管理

团队目标一般分为计划、执行、检查、总结提高四个阶段。计划指目标分解和确定，执行目标实施，检查和总结提高则包括形成考核结果、实施奖惩、总结经验。

1. 团队目标设置

团队目标的设置是团队目标管理的关键，团队目标错误，则管理的结果一定会南辕北辙。因此，团队目标的设置一定是一个谨慎的过程，是一个形成合力的过程，是一个合乎规律的过程。

（1）准备阶段

团队成员要做好每期的工作总结，总结所取得的成绩，找出存在的问题，初步计划下期的工作内容及工作重点。同时，团队主管就整个团队的业绩达成情况做类似的报告，并且对出现的情况加以分析说明。总结之后，团队主管与其他有关管理者一起协商，选择和确定团队的业绩目标。管理层在制定目标时，根据所掌握的信息，并考虑其他因素，如以往业绩、行业趋势、竞争、特殊事件等内外部环境因素，用科学的方法和工具进行分析，最后制定期望水平适度、可行性较高的团队目标。

（2）目标初步分解

目标的分解过程遵循参与决策的方式，"由上而下"和"自下而上"相结合，通过共同参与决定具体目标，并对如何实现目标达成一致。假设团队的本期目标比上期增加了 20％作为基础目标，然后适当增加或减少业绩量来确定自己的目标，这时得到的个人目标总和往往比制定的团队目标要高。参与决策的主要优点是能够诱导个人设立更困难的目标，其目的就是发挥个人潜能，共同参与将对业绩产生积极的影响。

（3）建立团队文化

建立与团队目标相适应的团队文化，可以起到提高成员满意度和鼓舞士气的作用，是保证目标实现最有效的措施。第一，力争在团队内部形成一种敢于挑战、勇于拼搏、追求卓越、积极向上的文化氛围。比如，企业及时评出"金牌业务员""优秀员工"并张榜公布和宣传，同时给予必要的物质奖励。第二，形成互帮互助的工作氛围，如评出"最热心"的成员，给予一定的精神和物质奖励。这类活动有利于团队形成强大的凝聚力。第三，进行必要的负强化工作。比如，末位淘汰制是把双刃剑，如果过激，会挫伤员工的积极性，降低职业满意度。所以，有必要重新培训末位员工，帮助其早日找到适合自己的位置，以体现企业人性化的管理理念。

（4）目标深度分解

团队成员结合自己的目标，透彻理解团队的竞争策略，找出自己的思路与团队整体思路之间存在的差异与分歧，分析原因，对自己的目标做进一步的细分、安排与落实。

（5）拟订工作计划

召开确定工作计划的团队会议，每人就自己的计划与其他队员进行研讨，反复修正计划，增加计划的可操作性与执行力，充分考虑执行阶段的监督与控制。通过强化沟通和反复论证，团队成员一起制订出既能从全局上把握团队整体的发展方向又能深入实践操作的目标一致且高度清晰的工作计划。

2. 团队目标实施

为实现有效控制，必须建立科学的控制体系。团队与个人自我控制、自我管理的能力应当努力提高，并与相互控制、相互管理结合起来，以保证目标执行万无一失。

（1）自我控制与自我管理

目标管理的最大优点是能用自我控制的管理来代替由别人统筹的管理，并使得员工能在某种程度上控制自己的成就。自我控制意味着更强的激励：一种要做到最好而不是敷衍了事的愿望。它意味着更高的成就目标和更广阔的眼界。

（2）监督与咨询

在目标的实施阶段，主管的监督与控制要坚持"重结果更甚于手段"的原则，充分授权，并明确其责任，不再对成员的实践指指点点，给他们更大的施展空间。在企业中，管理者要抓住关键的销量与重点产品的业绩进度，以及工作计划的执行进度，以期为预警提供指标。对那些偏离计划的员工，主管领导要及时沟通和调整；对表现优秀的员工，则采取"无为而治"的态度。

（3）反馈和指导

在实践操作中，往往有"将在外，君命有所不受"的情况，但团体成员应有意识地在每次任务完成之后，及时将信息反馈给主管领导以使其及时了解团队成员的动向。在实际工作中，反馈和指导能培养和提高员工的能力。实践与研究表明，及时的、具有建设性的反馈和指导往往是帮助员工完成任务最有效的方式。这是因为，大部分管理者曾经是这一行业最出色的人员，也是整个目标项目的规划者之一，对外界环境的变化掌握得更为全面。阶段性的评价反馈，可以帮助员工了解什么是好的，以及需要做出哪些改进。另外，平等、开放、活跃的反馈性讨论，也有助于激发员工的内在潜力和灵感。

（4）信息管理

信息是管理的最基本要素。在目标管理体系中，信息管理扮演着举足轻重的角色。确定目标，需要获取大量的信息；目标执行，需要加工、处理信息；实施目标的过程，也是信息传递与转换的过程。信息是目标管理得以正常运转的纽带，信息传递直接影响管理者与团队队员之间沟通的有效性、及时性和准确性。团队成员需要了解管理层的态度和组织对他们的真实期望，需要了解实际目标的负荷程度。这些都需要加强信息的采集、沟通和加工。

（5）团队目标的激励和考核

要想达到目标，仅靠主管的监督是不够的，还需要建立健全的目标考核体系来对业务行为进行引导、约束和激励。有的组织对业务的绩效考核目标过于单一，导致个人目标与组织发展方向极不协调。组织需要与实践协调一致，并通过激励来引导个人行为。

对目标考核，就是把实现的成果同原来制定的目标相比较，检查目标实现的进度、质量、均衡和目标对策（措施）的落实情况，及时发现问题、解决问题，按照目标管理要求进行最终评价与奖励等。

（二）领导与执行

1. 领导者行使权力的模式

（1）压低权力型领导者

这种人通常刚晋升为主管，或者属于不习惯自己领导者身份的人。压低权力型的领导者希望能赢得别人的友谊，能让人喜欢，因而经常不自觉地放低身段，希望能给予下属平易近人的感觉。压低权力型的领导者有很大的危机，他的话会逐渐失去应有的力量，甚至因为太害怕得罪人，而减缓决策的速度与力度，最后成为员工心目中优柔寡断、没有担当的无用主管。

（2）放大权力型领导者

这种人会夸大自己的权力，态度强悍。和压低权力型的领导者相反，其典型的行为是责骂人毫不留情，而且相当自我，好像全世界只有他是对的。

(3)尊重权力型领导者

这种上司通常使用"我们"作为沟通模式，能妥善协调上下关系，以期顺利完成工作目标。他愿意鼓励下属提出想法，照顾员工并适时提出奖励。尊重权力型领导者通常拥有真正的自信，能广纳雅言。同时这种上司自我督促的自觉性非常强，能减少以自我为中心的行为及判断。

2.影响执行的因素

执行力，对个人而言，就是把想干的事干成功的能力；对企业来说，则是将长期战略目标一步步落到实处的能力。把想干的事干成功，对于企业来说有三个关键点：

(1)好的机制是执行成功的一半

现代企业管理机制的搭建十分重要。作为团队的管理者，为了使执行工作能达到好的效果，应该致力于管理机制的建立和不断优化，在执行一项任务前，首先应该确定谁来执行、怎么执行、向谁汇报、汇报频率是多少、执行目标是什么、如何考核等。

(2)监督与考核是有效执行的前提

为了更好地贯彻红绿灯机制，十字路口就必须安装录像探头和安排交警值班，对违规现象进行处罚。有了监督和考核，交通违规现象就会减少。而一旦缺乏监督和考核，即使有红绿灯，也不一定有用。企业管理和交通管理有共通之处。一个企业一旦没有考核机制，出错率就会越来越高，优秀的人和事就会越来越少，最终导致企业的衰败。

(3)执行有赖于企业科技化水平的提高

随着智能化办公系统、客户关系管理系统、企业资源计划系统等科技化、信息化手段的应用，企业执行的难度减小，执行的规范化、精细化程度提高。

每个读过《致加西亚的信》的领导者都希望自己的员工像罗文一样，将使命执行到底。培养员工不折不扣的执行精神，是很好的事情。不过根据80/20原则，一个企业的优秀员工只占20%。那么，作为管理者，更重要的任务应该是让普通员工很好地执行任务，实现企业的目标；在培养成员执行力的同时，还要想方设法地引入科技化的手段，简化过程，使执行简单化，从而使普通员工也能完美地执行任务。

（三）内部沟通

从出生到成长，我们无时无刻不在和别人进行沟通。所谓沟通，就是为了既定的目标，把信息、思想和情感在个人或群体间传递，并达成共同协议的过程。事实上，每个人对沟通的理解是不一样的。对沟通的不同理解造成了沟通的困难和障碍，最终导致沟通的失败。不能进行行之有效的沟通，是人与人之间交往的大障碍，是造成工作效率低下的重要原因之一。

1. 沟通的三大要素

沟通的定义包含沟通的三大要素：

(1)沟通目标要明确。如果没有目标，只能算是自言自语或自说自话，瞎聊天。

(2)共同协议要达成。沟通结束以后，一定要形成一个双方或者多方都承认的协议，只有形成了协议才算完成了沟通。在实际的工作过程中，大家在一起好像沟通过了，但是最后却没有形成一个明确的协议，有时甚至还吵得面红耳赤。这说明双方之间存在沟通障碍，沟通尚未完成。应该知道，在和别人沟通结束的时候，一定要用这样的话来总结："非常感谢你，通过刚才的沟通和交流，我们选择达成了这样的协议。你看是这样的一个协议吗？"这是沟通技巧一个非常重要的体现。

(3)沟通结束要总结。这是一个良好的沟通习惯。沟通的内容不仅仅是信息，还包括更加重要的思想和情感。表示具体情况的信息通常是非常容易沟通的，而思想和情感往往不太容易沟通。工作过程中形成的矛盾，大多数是由于思想和情感无法得到很好的沟通而引起的。

2. 沟通方式

沟通方式多种多样，常见的有以下几种：

(1)面对面。面对面交流是最常见的沟通交流方式，上下级之间布置、报告工作，同事之间沟通协调问题，都采用此方式。

(2)电话。上下级之间、同事之间借助电话这一传播工具进行的有声交流。

(3)命令。上级管理者对下级员工布置工作、安排任务都可以称作命令。命令分为口头命令和书面命令两种。有的企业创造了总经理任务通知书，也是一种很好的书面命令，事实上它已具有文件的性质。

(4)文件。公司下发有关文件是典型的下行沟通。对于与员工利益密切相关的或者需要员工共同遵守的文件，必须与员工进行彻底沟通。公司的文件一般情况是下发到各个部门。各部门必须认真组织学习，并对学习效果进行测评，以确保文件内容执行到位。

(5)会议。根据需要，这种沟通方式可分为董事会、经理层会议、部门会议、全体员工大会等；根据开会周期，可分为日例会、周例会、月例会等；还有各种各样的专项会议，如财务会议、表彰会议、安全会议等。无论何种会议，都要求讲究会议效率。开会要有结果，不能议而不决，随后还要抓好执行、跟踪、检查、评估、反馈等环节。

(6)业务报告。报告分为口头报告和书面报告两种。类似于报告的沟通方式还有请示、向上一级主管提出意见或建议等。无论是口头还是书面形成文字的都是上行沟通，一般需要批复或口头上给予反馈，从而形成上下信息交流的互动。

(7)内部报刊。有条件的企业可以通过办内部报刊来增进企业与员工之间的沟通。

(8)广播。这是一种看似比较随意的沟通与交流方式，当然也可以包含严肃的内容，但大多数情况下是很轻松的。

（9）宣传栏。这一传播媒介对大中小企业都很适用。宣传栏可大可小，内容可长可短，方便快捷。

（10）活动。企业通过举办各种活动，如演讲比赛、联欢会、专题培训等，能有效地促进公司与员工及同事之间的沟通。

（11）意见箱。这也是一种上行沟通的方式，企业员工对公司有什么意见和建议都可以通过这种方式与企业及管理者进行沟通。企业应对此给予高度重视，对员工的意见或建议要及时地反馈。

（四）绩效考核

绩效考核是团队维护中的一项重要工作，是指员工和管理者就绩效问题所进行的双向沟通的过程，在这个过程中，管理者帮助员工制定绩效发展目标，通过沟通，对员工的绩效能力进行辅导，帮助员工不断地实现绩效目标。在此基础上，作为一段时间绩效的总结，管理者通过科学的手段和工具对员工的绩效进行考核，确立员工的绩效等级，并找出员工绩效不足的原因，进而制订相应的改进计划，使员工向更高的绩效目标迈进。一个完善的绩效考核体系一般具备设定绩效考核目标、持续不断地沟通、记录员工的绩效表现、形成管理文档、绩效考核体系的诊断和提高五个流程。

1. 绩效考核的类型

（1）效果主导型

考核的内容以考核结果为主，重点在结果而不是过程。由于它考核的是工作业绩而不是工作效率，所以标准容易制定和操作。但是它具有短期性和变现性等缺点，对具体生产操作的员工较适合，而对事务性人员不适合。

（2）品质主导型

考核的内容以考核员工在工作中表现出来的品质为主，由于其考核需要忠诚、可靠、主动、自信、有创新精神和协助精神等，所以很难具体掌握。这种类型的可操作性与效果较差，适合对员工工作潜力、工作精神及沟通能力的考核。

（3）行为主导型

考核的内容以考核员工的工作行为为主，重在工作过程，考核的标准容易确定，可操作性强，适合管理者、事务性工作者的考核。

2. 绩效考核的方法

（1）等级评价法

等级评价法是绩效考核中常用的一种方法。根据工作分析，将被考核岗位的工作内容划分为相互独立的几个模块，在每个模块中用明确的语言来描述完成该模块所需的工作标准。考核人根据被考核人的实际工作表现，对每个模块的完成情况进行评估，将标准分为多个等级选项，如"优、良、合格、不合格"，总成绩便为该员工的考核成绩。

（2）目标考核法

目标考核法是根据被考核人完成工作的情况来进行考核的一种绩效考核方法。在开始工作之前，考核人和被考核人应该对需要完成的工作内容、时间期限、考核的标准达成一致。在考核期限结束时，考核人根据被考核人的工作状况及原先制定的考核标准来进行考核。目标考核法适合企业中实行目标管理的项目。

（3）序列比较法

序列比较法是对相同职务员工进行考核的一种方法。在考核之前，首先要确定考核的模块，根据他们的工作状况排列顺序，工作较好的排名在前，工作较差的排名在后。最后，将每位员工几个模块的排序数字相加，就是该员工的考核结果。总数越小考核成绩越好。

（4）相对比较法

与序列比较法相仿，相对比较法也是对相同职务员工进行考核的一种方法。不同的是，它是对员工进行两两比较，任何两位员工都要进行一次比较。两名员工比较之后，工作较好的员工记"1"，工作较差的员工记"0"。所有的员工相互比较完毕后，将每个人的成绩相加，总数越大，绩效考核的成绩越好。与序列比较法相比，相对比较法每次比较的员工不宜过多，范围在5～10人即可。

（5）小组评价法

小组评价法是指由两名以上熟悉该员工工作的经理组成评价小组进行绩效考核的方法。小组评价的优点是操作简单，省时省力，缺点是容易使评价标准模糊，主观性强。为了提高小组评价的可靠性，在进行小组评价之前，评价小组成员应该向员工公布考核的内容、依据和标准。在评价结束后，要向员工讲明评价的结果。小组评价最好和员工个人评价相结合。当小组评价和个人评价结果差距较大时，为了防止出现考核偏差，评价小组成员应该首先了解员工的具体工作表现和工作业绩，然后再做出评价决定。

（6）重要事件法

考核人在平时要注意收集被考核人的"重要事件"。这里的"重要事件"是指被考核人的优秀表现和不良表现，并对这些表现形成书面记录。普通的工作行为不必进行记录。根据这些书面记录进行整理和分析，考核人最终形成考核结果。该考核方法一般不单独使用。

（7）评语法

评语法是指由考核人撰写一段评语来对考核人进行评价的一种方法。评语的内容包括考核人的工作业绩、工作表现、优缺点和需努力的方向。评语法在我国应用得非常广泛。由于该考核方法主观性强，所以最好不要单独使用。

（8）强制比例法

强制比例法可以有效地避免由于考核人的个人因素而产生的考核误差。根据正态分布原理，优秀员工和不合格员工的比例应该基本相同，大部分员工属于工作表现一般的员工。所以，在考核分布中，可以强制规定优秀员工的人数和不合格员工的人数。

比如，优秀员工和不合格员工的比例均为20％，其他属于普通员工。强制比例法适合在相同职务员工较多的情况下使用。

（9）情景模拟法

情景模拟法是一种模拟工作的考核方法。它要求员工在评价小组面前完成类似于实际工作中可能遇到的问题的考核之后，评价小组根据完成情况对被考核人的工作能力进行考核。它是针对工作潜力的一种考核方法。

（10）综合法

综合法，顾名思义就是将各类绩效考核的方法进行综合利用，以提高绩效考核结果的客观性和可信度。

三、大学生创业团队的特点和建设对策

（一）大学生创业团队的特点

大学生作为一个典型的特殊群体，其受教育水平相对较高，拥有专业化的知识和技能，容易接受新生事物并受其影响，且自我实现意愿较强，加之现在政府和高校对自主创业的大力提倡以及国家在大学生创业政策上的大力支持，使得越来越多的大学生选择自主创业。然而由于个人专业、能力、社会资源和资金等的限制，大学生很难凭一己之力创立新的企业，因此团队式创业模式越来越受到大学生的青睐，成为大学生自主创业的主要模式之一。大学生创业团队相对于一般的创业团队，有其鲜明的特点，如表3-2所示。

表3-2　大学生创业团队的特点

序号	大学生创业团队的优势	大学生创业团队的劣势
1	团队成员思维活跃，精力充沛、激情澎湃	团队成员承受挫折的能力较差，情绪较易波动
2	团队成员整体素质较高，具有较强的专业基础知识和技能	团队成员缺乏创业的实践经验，处事能力较弱，可供利用的资源有限
3	团队组建相对迅速，成员之间容易交流	团队稳定性较差
4	团队创业项目以高新科技为主	项目被抄袭的可能性较大

大学生创业团队的优势可以归纳为：

1. 团队成员以大学生为主，成员思维活跃，精力充沛，想象力丰富，对创业具有极大的热情，创新意识和能力较强。

2. 团队成员整体素质较高，具有较强的专业基础知识和技能，如从事本专业或与之相关的创业活动成功的概率较高。

3. 团队成员所属群体单一，组建团队迅速，成员之间较易进行交流沟通。

4. 团队创业项目选择以高新科技类项目为主，辅以服务类项目。

然而，大学生毕竟处于相对封闭的大学校园内，接受的是书本知识而非实践技能，因此大学生创业团队在创业过程中，由于其社会经验、人生阅历等方面的限制，会使得他们普遍缺乏概念技能，不能很精准地把握市场的变化，也很难适应社会激烈的斗争。除此之外，资金问题也是大学生创业的首要问题，虽然政府出台了很多政策鼓励大学生创业，但是大学生创建企业往往融资困难，流动资金紧张，对于企业财务概念很模糊，这些也会导致企业财务管理混乱。大学生创业团队要想获得成功也面临着很大的考验。大学生创业团队的劣势可以归纳为：

1. 团队成员生活方式相对单一，生活阅历较浅，承受挫折的能力较差。由于大学生从小到大以学习为主，虽然也有各种各样的社会实践活动，但整体来说，大学生生活方式相对单一，生活经验不足，年轻气盛，可供选择的机会较多，遇到挫折，反而容易放弃，缺乏毅力。

2. 团队成员缺乏创业的实践经验，处事能力较弱，可供利用的资源有限。由于大学生并未真正进入社会，与社会接触相对较少，加之经验的限制使得大学生无法正确地评估市场和机会，要么对市场的判断过于乐观，要么过低地判断自己对市场的把握能力，从而错失机会。

3. 大学生创业团队的稳定性较差。大学生对社会的认知不够，缺乏经验，处理事情较理想化。一旦理想与现实发生碰撞，大学生自身社会经验有限，使得大学生创业团队在创业行为开始之前考虑不够周全，没有明确职责和利润分配等问题，在创业过程中可能会产生争议和纠纷。而大学生处理类似问题的能力相对较弱，因此也会导致创业团队不欢而散。

4. 大学生创业项目中，真正的高精尖项目较小，多数是有一定技术含量的和社会服务性质的项目。这类项目很难对其他人员保密，较易被复制。

（二）大学生创业团队建设的对策

从人力资源管理的角度来看，建立优势互补的创业团队是保持创业团队稳定的关键。在创建一个团队的时候，不仅要考虑团队成员之间的关系，更为重要的是考虑成员之间的能力或技术上的互补性。在团队组建以后，无论是有核心主导的创业团队还是群体性的创业团队，要保持项目团队的稳定性和创造力，需要注意以下几个方面：

1. 成员要有共同的目标远景，保证团队成员间通畅的沟通渠道

团队成员必须认同团队将要努力的目标和方向，同时还要有自己的行动纲领和行为准则。这些其实就涉及团队文化的建设问题。良好的沟通渠道不仅反映了创业团队成员的沟通力和协调能力，更体现了完善的企业制度和健康的企业文化。创业团队成员的理念、能力、经验等是影响企业成败的关键因素。创业过程充满风险和艰辛，创业团队成员必须具有共同的愿景和理想，这样他们在碰到困难时，才能够同心协力，共渡难关。

2. 建立学习型组织，保持团队的创造力和学习力

所谓学习型组织，是指通过培养弥漫于整个组织的学习气氛，充分发挥员工的创造性思维能力而建立起来的一种有机的、高度柔性的、扁平的、符合人性的、能持续发展的组织。这种组织具有持续学习的能力，具有高于个人绩效总和的综合绩效。当企业形成一定规模后，企业要发展，必定会扩大团队队伍，可能会出现原有团队成员退出和新成员加入的情况，这时候保持原有创业团队的学习力和创造力是非常重要的。构建学习型创业团队可以增加企业的压力与动力，可以促进分工与协作，可以很好地保持创业团队的创造力和学习力。

3. 以法律文本的形式确定一个清晰的利润分配方案

最基本的责、权、利应该界定清楚，尤其是股权、期权和分配方案，此外还包括增资扩股、融资、撤资、人事安排、解散等与团队成员利益紧密相关的事宜。关于如何分配的问题，目前还没有任何有效的公式可以套用，也没有简单而行之有效的答案。不过，创业企业可以从下述几个方面入手：一是体现差异化。一般情况下，不同的团队成员对企业做出的贡献总是不同的，因此合理的报酬制度应该反映出这种差异。二是注重业绩。有许多企业团队成员在企业成立期内所做的贡献程度变化很大，但报酬却没有多大的变化，这种不合理的报酬制度将严重影响企业的团结和稳定。三是充分考虑灵活性。各团队成员在某个既定时间段的贡献也有大小之分，而且会随着时间的流逝而发生变化，其业绩也可能同预期效果有很大出入。另外，团队成员很可能会出于种种原因而必须被替换，在此情况下就需要再另外招聘新成员加入现有团队。灵活的报酬制度包括股票托管、提取一定份额的股票以备日后调整等，这些机制有助于让团队成员产生公平感。

4. 严格规范在校大学生创业团队管理制度

(1)制定严格的创业团队管理章程

没有规矩，不成方圆，作为在校大学生创业团队，要进行有效的管理，首先要有一套目标明确、定位科学、发展思路清晰的团队管理章程，包含团队的创立目的、经营的范围和方向，团队资金组成，团队部门设置以及团队成员分工、成员权利与义务、人事制度等各个方面。只有制定一套规范科学的团队管理章程，创业团队后面的工作才能顺利开展，各种关系才能理得清楚。

(2)建立赏罚分明的内部奖惩制度

作为一个创业团队，我们不希望有任何凌驾于团队组织之上的个人，无论是团队的发起人还是团队的关键成员都要遵守团队的规章制度，一旦有违规现象就要在团队会议上给予批评，并给予创业奖金扣减处罚。例如规定财务管理人员发现团队的成员违规使用不能报销或无效的发票，则给予财务人员10%的票面奖励，这个10%的票面罚金则来自违规成员的奖金扣除或从月工资中扣除。这样大家都会自觉遵守团队的财务管理制度。

（3）建立顺畅的团队沟通和交流制度

团队管理过程中，很多问题的产生来源于不顺畅的沟通和交流。这就要求上自团队领导者下至团队普通成员要在遇到问题和矛盾的时候及时沟通和交流，指出彼此做得不妥的地方。可行的沟通和交流的方式和途径非常多，关键是要常规化、制度化，如规定每星期开一次会，会议的方式可以是网上 QQ 群交流，也可以是面对面的会议，根据大家的学习和工作时间安排来定，可以灵活处理。但是每次交流的目的要达到，不能交流完以后问题依然存在，有问题要彻底解决，执行过程中出现的新问题再另行及时解决。

▸ 思考与练习

1. 好的创业者身上有哪些特质和素质值得我们学习？

2. 创业动机产生的根源有哪些？

3. 大学生如何处理好创业和学业之间的关系？

4. 创业团队的类型有哪些？分别有什么特点？

5. 对创业团队进行绩效考核的方法有哪些？

6. 提升大学生创业团队建设的对策有哪些？

第四章 创业机会与创业风险

第一节 创业机会识别

一、创意与机会

（一）创意产业化

1. 创意产业化的定义

纵观国内外学者对创意产业的定义，均强调创意产业的创新性、文化性及高科技性等。基于链理论，我们将创意产业定义为：以内容为核心，人才为依托，产品为载体，各节点企业、关联环节围绕交互协作完成创意产品调适、传递及增值的过程，从而形成网状产业价值链的有机结合体。因此，创意产业价值链分析对创意产业发展尤为重要。

价值链分析方法指出"每一个企业都是用来进行设计、生产、营销、交货等过程对产品起辅助作用的各种相互分离的活动的集合。"单个企业由特定方式的五种基本活动和四种辅助活动构成。基本活动包括内部活动、生产经营、外部后勤、市场和销售，辅助活动包括采购、技术开发、人力资源管理、企业基础设施。价值链分析同样适用于文化创意产业。文化创意产业价值链管理主要研究的是各创意主体围绕原创知识对价值链各环节的运作，使得相关价值活动环节无缝整合，进而实现价值增值的目标。

创意价值链是产业发展的生产经营链，即通过创意的开发、生产制造，以产品及服务为载体，利用市场营销和渠道销售进入消费环节，消费者直接进行消费体验，或者进入衍生创意产品市场进行消费交易。创意产品在内容创意—生产制造—营销推广—传播分销—消费交换的路径形成过程中，完成了创意产品价值创造—价值开发—价值捕捉—价值挖掘—价值实现—价值增值的整个价值传递过程。

2. 创意产业价值链运作支持条件

（1）文化支持

内容创意强调创意产业文化性，即创意产业以一定的文化为产业支撑。《文化产业振兴规划》（国发〔2009〕30 号）中将"文化创意"作为文化产业发展重点之一，首次明确"文化创意"归属于文化产业，因此创意产业具有文化产业最基本的文化特征。

创意产品是文化内容的载体，不仅具有商业价值，还具有知识、观念价值，即为产品和服务注入新的文化要素，为消费者提供与众不同的新体验，提高产品与服务的观念价值。

（2）技术支持

创意产业是以高科技手段为支撑条件的产业，是创意、人才与技术相互融合的产物。目前对创意产业开发主要表现在技术内容的创新，即信息技术及网络技术在制造环节与分销环节的带动作用，将高科技融入消费体验过程，增加创意产品科技含量及服务水平，从而吸引消费者。

（3）资金支持

资金是支持创意产业发展的基础条件，同时也成为创意产业发展的制约性因素。创意产业处在发展初期，投资收益不确定性较强，创意企业中小企业居多，抗风险能力较弱，融资渠道狭窄，难度较大，亟须完善创意产业的融资机制。

（4）产业支持

创意产业与相关产业具有较强的多向关联性，即创意产业与前向产业、后向产业之间投入和产出联系密切。创意产业是对同类别行业运作过程中产生的知识、技能及经验等的运用，而制造产业正是创意思想得以物化的经济载体。因此，创意产业的发展需要相关产业的支持。

3. 创意产业价值链运作模式

创意产业价值链运作模式是在基本价值链条的构建基础上，对价值增值核心环节的挖掘，进而对价值链进行延伸及整合，完善价值链衔接机制，优化价值实现路径，形成产业良性循环。

创意产业不是自给自足的生产系统，而是与其他经济及文化领域互动融合的，其作用就在以创意价值链系统为中心，使创意价值不断向系统外围拓展，给经济及社会带来有形和无形的价值。创意价值链价值拓展是创意在产业化的进程中，不断向实体产业和城市发展进行拓展的过程，包括创意产业化、产业创意化和城市创意化三个方面。

（1）创意产业化，即以创意价值链为基础，通过市场机制促进文化、技术、经济三大系统的融合，产生直接经济价值；创意产业化是以创意价值链为基础的产业自我拓展。商品价值由功能价值和观念价值两个部分组成，功能价值由科技创造而成，是商品的物质基础；观念价值因创意渗透而生，是附加的文化观念。随着经济发展和收入水平的不断提高，促进商品价值增值的基本趋势是沿着功能价值到观念价值的路径展开，从而推进创意的产业化过程。

（2）产业创意化，即在实体产业的产品和服务中融入创意元素，使创意产业成为各种企业附加价值的一环。也有人认为，创意资本可以划分为消费型创意资本和生产型创意资本。消费型创意资本通过服务内容提供消费创意，生产型创意资本主要通过产品设计、盈利模式的创新进行工艺创意和商业创意。创意产业通过产业关联对实体产业产生改造和提升作用，促进生产要素的重新组合，这体现为创意价值链在产业层面的拓展。

（3）城市创意化，即城市以创意产业为主导来促进城市的全面繁荣和可持续发展。事实上，创意产业与城市发展是一种互动耦合关系。创意产业通过重塑城市产业结构、提升城市形象，从而拉动城市就业和引领城市治理结构全面创新等，促进城市发展。因此，在创意经济时代，一些具备条件的城市，以推进创意产业发展为目标，构建创意城市或实施城市创意化战略，成为城市发展的一个重要的新思路，这也是创意价值链系统向空间拓展的重要价值增值方式。

总的来说，创意产业化是以创意价值链为基础的产业自我拓展，它是创意价值链价值拓展的核心；产业创意化是创意价值链在产业层面的拓展，它反映创意产业对其他实体产业的渗透与对整个经济系统的影响；城市创意化是创意价值链的空间拓展，它反映的是创意产业对区域经济乃至整个经济社会的全方位拉动作用。创意产业化、产业创意化及城市创意化三者是相互联系、层层深化、梯度推进的。

4. 创意产业的核心增值环节

（1）内容创意

内容创意处在价值链前端，是整个产业的关键环节，同时是整个产业运作的核心环节。创意产业强调内容为王，利用个人智慧和创造力对文化、信息进行深度挖掘，形成创意理念，进而对理念内容的独创性进行开发，形成知识运作机制，保证创意产品的原创性，满足消费者的个性需求。

（2）创意人才

创意产业以创新和创造力为核心，而创新和创造力很大程度上取决于人才，因此创意人才是创意开发、创意活动的关键生产因素。以产业链为依据，创意人才主要包括产业前端的文化创意提供者，如设计师、艺术家等；生产环节的技术开发、营销推广人才以及产业推广环节的经营管理人才等。

（3）渠道营销

传播推广是创意产业价值链关键环节，是促成消费交换、实现创意价值的重要环节。我们应利用网络技术及通信技术，综合市场推广渠道，依托媒体中介丰富创意产品及服务形式，形成产品多元经营，实现创意产品价值向消费者延伸。

（4）版权贸易

创意实质就是知识，创意产业是具有自主知识产权的高附加值产业，版权构成了文化创意产品的核心部分。版权贸易处于文化创意产业价值链的末端环节，是构成文化创意产业价值链的关键环节。版权贸易的前提在于对知识产权的保护。要发展版权贸易，就要加强版权保护，建设版权登记、认定的平台以及要营造版权机构进行展示、交流和交易的环境。

（5）创意价值链与企业价值链的区别

波特指出，每个企业的价值链都是由独特方式连接在一起的创造价值的基本活动构成，各种价值活动集成的程度对竞争优势起着关键作用。任何企业的价值链都存在于价值系统中，这一系统由供应商、制造商、分销商和消费者的价值活动连接而成。自波特提出企业价值链概念之后，国内外许多学者对企业价值链管理理论进行了深入研究。价值链分析方法在企业管理实践中得到了广泛应用，尤其是在成本管理、供应链管理以及价值工程等方面，供应链、生产链、商品链、全球价值链、价值链网络等概念应运而生。

波特的企业价值链管理思想拓展应用于从创意源到创意成果产业化的全过程，着眼于创意如何转化增值，涉及大学、研发机构、文化机构、投资机构、设计中心及企业等一系列创意主体的价值增值活动。创意价值链与企业价值链概念有着共同的理论基础——价值链管理理论。创意价值链与波特的企业价值链又有着重要的区别：

首先是研究的范围不同。前者是指从创意源到创意成果大规模产业化的全过程，包括企业在内的若干创意主体，涉及创意产品的上、中、下游全过程；后者是指企业产品的设计、生产和营销全过程，以中、下游企业生产营销运作管理为主要研究范围。

其次是研究的重点不同。前者研究的重点是创意如何在不同创意主体之间转移、流动、转化、增值，并最终实现产业化，获取超额利润；后者研究的重点是如何有效地组织和利用中、下游企业内外部资源，降低成本，提高效率。

最后是创造价值的来源指向不同。前者创造价值的来源专指创意成果的生成、转移与开发利用；后者创造价值的来源指如何组织好中、下游企业的各种价值活动，更有效率地生产和销售现有的产品。

5. 创意产业的特征

创意产业具有五大特征：一是创意产业人员主要是知识型劳动者，强调个人参与和才智发展，拥有能激发出创意灵感的设计高手和特殊专才；二是创意产业是低消耗、高附加价值产业，主要依靠创意人才的智慧，获得较多的经济效益；三是创意产品是文化与技术相互交融、集成创新的产物，呈现出智能化、特色化、个性化、艺术化的特点；四是强调信息技术的应用与创新，传统文化产业的发展缺少信息服务技术的强力支持，致使其创新发展受阻，而文化创意产业则把与文化有关的设计和软件业等纳入其范畴，突出了信息服务技术在文化创意产业中的地位和作用；五是产业组织呈现集群化、网络化，企业组织呈现小型化、扁平化、个体化、灵活化的特点。

（二）创新思维

创新思维是指以新颖、独创的方法解决问题的思维过程，通过这种思维能突破常规思维的界限，以超常规甚至反常规的方法、视角去思考问题，提出与众不同的解决方案，从而产生新颖的、独到的、有社会意义的思维成果。

1. 创新思维的特征

（1）独创性或新颖性。创新思维贵在创新，在思路的选择上、思考的技巧上、在思维的结论上具有前无古人的独到之处，具有一定范围内的首创性、开拓性。一位希望事业有成或生活有意义的人，就要在前人没有涉足、不敢前往的领域开垦出自己的一片天地，就要站在前人、常人的肩上再前进一步。因此，具有创新思维的人，对事物必须具有浓厚的创新兴趣，在实际活动中善于超出常规思维，对完善的事物、平稳有序发展的事物进行重新认识，以求新的发现，这种发现就是一种独创、一种新的见解、新的发明和新的突破。

（2）极大的灵活性。创新思维没有现成的思维方法和程序可循，所以它的方式、方法、程序、途径等都没有固定的框架。进行创新思维活动的人在考虑问题时可以迅速地从一个思路转向另一个思路，从一种意境进入另一种意境，多方位地试探解决问题的办法，这样，创新思维活动就表现出不同的结果或不同的方法、技巧。例如面对世界经济趋于一体化、竞争日趋激烈的格局，企业的领导者不能无动于衷或沿用老思路，否则只有死路一条。他必须或是考虑进行技术革新，生产具有自主知识产权的产品；或是引进外资，联合办厂；或是改组企业的人力、财力、物力的配置结构；或是加强产品宣传，并在包装上下功夫；或是上述几者并用。这里提到的思路包括方法、技巧的创新，也包括结果的创新，这两种不同的创新都是创新思维在拯救该企业问题的应用。创新思维的灵活性还表现为人们在一定的原则界限内的自由选择、发挥等。一般来讲，原则的有效性体现在它的具体运用上，否则，原则就变成了僵死的教条。

（3）艺术性。创新思维活动是一种开放的、灵活多变的思维活动，它的发生伴随有"想象""直觉""灵感"之类的非逻辑、非规范的思维活动，而"思想""灵感""直觉"等往往因人而异、因时而异、因问题和对象而异，所以创新思维活动具有极大的特殊性、随机性和技巧性，他人不可以完全模仿。创新思维活动的上述特点同艺术活动有相似之处。艺术活动就是每个人充分发挥自己才能，包括利用直觉、灵感、想象等非理性的活动，但艺术活动的表面现象和过程可以模仿，如梵·高的名画《向日葵》，人们都可以去画向日葵，且大小、颜色都可以模仿。然而，艺术的精髓和内在的东西及梵·高的创作能力只属于个人，他融于作品中的思想是无法仿照的。任何模仿品只能是"几乎"以假充真，但毕竟不是真的，所以才有人愿意冒生命危险设法盗窃著名画家的真迹。同样，创造性的思维活动也是不可模仿的，它无法像一件物品摆放在我们面前，任人临摹、仿照。一旦谈得上可以模仿，所模仿的只是活动的实施过程，并且是跟在他人后面，一步一个脚印地学习他人。因此，创新思维被称为是一种高超的艺术。

（4）对象的潜在性。创新思维活动从现实的活动和客体出发，但它的指向不是现存的客体，而是一个潜在的、尚未被认识和实践的对象。例如，在改革浪潮席卷全球的今天，无论是发达国家，还是发展中国家，都在寻求适合本国国情的改革之路。那么，这条路究竟怎么走，各国正在依据本国所面临的现实情况进行创造性的思索，大胆试验，所以这条路至今还不太清晰，还是潜在的，至多是处在由潜在向现实的转变之中。所以，创新思维的对象或者是刚刚进入人类的实践范围尚未被人类所认识的客体，人们只能猜测它的存在状况，或者是人们虽然有了一定的认识，但认识尚不完全，还可以从深度和广度上加以进一步认识的客体，这两类客体无疑带有潜在性。

2. 创新思维的作用

创新思维可以不断增加人类知识的总量，不断推进人类认识世界的水平。创新思维因其对象的潜在特征，表明它是向着未知或不完全知的领域进军，不断扩大着人们的认识范围，不断地把未被认识的东西变为可以认识和已经认识的东西。比如，人类发明了计算机，计算机科学与技术成为新的学科与知识。

创新思维可以不断提高人类的认识能力。创新思维是一种高超的艺术，创新思维活动及过程中的内在东西是无法模仿的。这种内在的东西即创新思维能力。这种能力的获得依赖于人们对历史和现状的深刻了解，依赖于敏锐的观察能力和分析问题的能力，依赖于平时知识的积累和知识面的拓展。而每一次创新思维过程就是一次锻炼思维能力的过程，因为要想获得对未知世界的认识，人们就要不断地探索前人没有采用过的思维方法、思考角度去进行思维训练，就要独创性地寻求没有先例的办法和途径去正确、有效地观察问题，分析问题和解决问题，从而极大地提高人类认识未知事物的能力。所以，认识能力的提高离不开创新思维。

创新思维可以为实践开辟新局面。创新思维的独创性与风险性特征赋予了它敢于探索和创新的精神，在这种精神的支配下，人们不满于现状，不满于已有的知识和经验，总是力图探索客观世界中还未被认识的本质和规律，并以此为指导，进行开拓性的实践，开辟出人类实践活动的新领域。

二、创业机会的特征和类型

（一）创业机会的特征

1. 普遍性

一般而言，只要存在市场、交易或经营，就会有创业机会出现。在各种经营活动过程中普遍存在着创业机会。

2. 偶然性

无论对创业者还是企业来说，创业机会的发现和捕捉都有不确定性，创业机会的产生也存在着意想不到的因素。

3. 消逝性

创业机会出现并存在于某一个特定的空间范围内，伴随着创业机会客观条件的改变，创业机会也会随之消逝。

（二）创业机会的类型

创业机会按照不同的分类标准有不同的类型。下面我们就从三个标准入手来看看创业机会有哪些类型。

1. 按照目的—手段关系的明确程度划分

（1）创造型机会

此类型在市场中的目的—手段关系都不明确。这就要求创业者要比其他人员有先见之明，只有这样才能创造出有价值的市场机会。在手段和目的都不明确的情况下，创业者要想建立关系是非常困难的事情，不过一旦利用此机会创造出一种新的目的—手段关系，将会带来巨大的利润。

（2）发现型机会

此类型手段或目的有其一是不明确的，需要创造者去发掘并抓住机会。举例说明：一项新的技术被开发出来，但是没有形成具体的商业化产品，这就需要创业者通过不断挖掘找出市场机会，让产品最终为社会或消费者服务。

（3）识别型机会

此类型在市场中的目的和手段都非常明确，创业者通过两者相互链接将机会识别出来。比如：当商品供求关系出现矛盾或不平衡，且无法满足消费者或市场时就会产生大量创业机会。

在商业实践中，识别型机会、发现型机会和创造型机会是无法同时存在的。

一般而言，识别型机会常在供求尚不平衡的市场中产生，创新程度非常低，此类型的机会辨别过程较为简单，更多关注的是资源，能快速进入市场赢得利润。

创造型机会把握起来比较困难，而创造者本身拥有的专业技术、信息以及资源等都是非常有限的，需要创造者拥有创造性的资源和敏锐的洞察能力，同时有承担风险的能力。

发现型机会比较常见，是目前创业者主要的研究对象。

2. 按照创业机会来源划分

按照此标准，创业机会分为组合型机会、趋势型机会、问题型机会三大类型。

（1）组合型机会

此类型指的是把现在拥有的两项以上的产品、技术或服务等要素组合起来，创造新的用途或价值进而获得创业的机会。它同嫁接比较类似，将已经存在的各种因素进行重新组合，这种组合常常能实现比原来更好的效果。

（2）趋势型机会

此类型指的是在事物不断变化的过程中发现未来的发展方向，预测出未来的潜能和机会。此类型的机会常常在重要领域变革或时代变迁时产生，因为此阶段各种变革出现而大部分无法被人们认可或接受，处于初级萌芽阶段。一旦人们能发现并将这种机会抓住，那么就有可能在未来的某一天成为此行业或领域的倡导者或先行者。

（3）问题型机会

此类型来源于目前存在的没有解决的问题。此类型主要存在于人们日常生活和企业实践中。比如客户的抱怨、大量的退换货问题、没有办法买到称心如意的商品、服务的态度或质量比较差等。这些问题的解决存在很多创业机会，不过需要人们用心发现。

3. 按照影响因素划分

创业机会的出现一般会受到环境的变化、市场不协调或信息滞后、领先或缺口等因素的影响。换言之，在自由企业系统之中，创业机会的产生往往和技术革新、消费喜好改变以及法律政策调整等有很大关系。由此，创业机会可以分为技术机会、市场机会以及政策机会三种类型。

（1）技术机会

技术机会也就是因技术改变而带来的机会，主要通过新的科技突破和社会科技进步获得，具体表现为旧的技术被新的技术替代、实现新功能、出现创造新产品的新技术和新技术带来的一些问题。

（2）市场机会

市场机会是通过市场发生的变化而产生的机会。一般来说，市场机会有四种表现形式：

①市场上产生同经济发展相关的新需求，这样就需要创业者尽量满足新需求，进而产生可以利用的商业机会；

②市场上出现供求缺陷而产生新的商业机会；

③先进国家或地区进行产业转移也会带来新的市场机会；

④中外进行对比寻找差距，这些差距中常隐含着某种商业机会。

（3）政策机会

政策机会指的是政府政策变化为创业者提供的一些创业机会。随着经济技术等进步，政府也会随之调整自身政策，而政策在某些方面的变化就会为创业者提供一些新的创业机会。

三、创业机会的来源

创业能否成功在很大程度上和创业机会的选择有直接关系。伴随着经济环境和技术环境的改变，对初创企业或者想要进行二次创业的企业家而言，首先要考虑的便是创业机会来源问题。

（一）问题和需求

创业的最终目的是满足客户需求。创业成功与否很大程度上取决于创业者是不是能准确发现客户的潜在需求，并将这些产品及时送到这些需求人面前。找寻盲点中的盲点需要敏锐的洞察力和新的创业灵感，只有这样才能让创业获得成功。

客户的抱怨或者提出的问题是企业进行创新改进的动力和源泉，对创业者而言亦是如此。因此，当遇到客户抱怨时，创业者不妨认真倾听一下，并向客户提三个问题：你为什么会抱怨此产品？此产品哪里有问题呢？你觉得哪些地方需要改进呢？现实生活中，很多创业者都是通过问题发现创业机会的。

（二）变革

生活时刻都在发生着变化。这里所说的变化指的是市场的变化、政治和制度的变化、产业结构的变化、技术的变化。

1. 市场的变革

在市场上，唯一不变的就是变化。大部分创业机会来源于不断变化的市场环境。一旦环境发生变化，市场的需求、结构等会发生变化。这些变化主要表现在产业结构的变动、消费结构升级、城市化加速、人口思想观念的变化、政府政策的变化、人口结构的变化、居民收入水平的提高等方面。

2. 政治和制度的变革

政治和制度的变革会直接影响国家发展，同时也会产生巨大的创业机会，最为典型的便是改革开放。这就要求商人一定要关注政治，因为懂得运用政治艺术的商人才是真正的巨商。

3. 产业结构的变革

产业结构的变革直接推动主导产业发展，导致主导产业的企业兴起。很多地方尤其是县一级政府，在调整产业结构后，企业利用优惠政策支持地方支柱产业发展，为农民返乡就业带来了巨大空间。

4. 技术变革

每一次同市场规律和需求相符合的技术进步或变革自然会带来商业价值。运用产业的超前思想对技术革新进行指导，不但能创造市场的需求和创业机会，还有可能创造出一个新的产业甚至让时代变革。比如计算机的诞生和普及，随之而来的便是计算机维修、软件开发和计算机操作培训以及图文制作、网上开店等。就算你没有技术方面的革新，也会成为销售和推广新技术的人，创业机会也会随之而来。

归根结底创业机会源自生活，源于消费者的需求。全部商机都是在满足消费者需求的基础上产生的，无论该项技术的科技含量有多高，无法满足客户的需求就不能说是好产品。

四、影响创业机会识别的关键因素

在生活中，很多人都有创业的想法和梦想，但是能不能在众多创业机会中寻得真正的创业机会，并能将其抓住，让自己成为一个成功的创业者，取决于怎样识别创业机会，而创业机会的识别又受到诸多因素的影响。

（一）创业者的能力

对于机会识别的影响，创业者的能力主要有下面两种表现形式：一种是创新创业者的警觉性，通过这一特性在经济的不均衡中发现和探索其他人无法获知的新机会；另一种是创业者创造机会的能力。创业者在之前对事情并不清楚，可以通过创造力、创新能力造就机会。另外，很多学者认为，创业者的知识水平对识别机会也会产生一定影响。当创业者对其所在行业的知识和信息量掌握越多，发现和创造机会的概率就越高。

（二）创业者的原有经验

在某些特定行业中，原有经验对创新创业者识别机会发挥着巨大作用。创业者一旦在某个行业建立企业，那他就开启了一段特殊的旅程，通向创业的道路就会逐渐变得清晰。当一个人怀着满腔热忱投入某一产业中时，他发现行业内新的机会要比行业外观察的人员容易得多。

（三）创业者的社会关系网络

这里的社会关系网络指的是同创业者有直接或间接关系的其他主体，两者形成的一种社会关系网络。个人社会关系网络从深度和广度上对机会识别有重大影响。一般来说，创业者的社会关系网络主要涉及创业者自身、客户、供应商、制造商、分销商、政府、中介机构以及学校等。在这个关系网络中，如果能很好地传递和交换信息和资源，创业者会快速有效地识别出创业机会。

（四）行业的波动性

一旦行业发展受到市场的严重影响就会出现行业波动。这种波动最直接的影响是市场状态偏离、市场发生断层、出现新的利润等，进而促进新的企业通过不断创新来满足差异需求，这样就会产生创新机会。需要注意的是，这种波动事先无法预知，也存在很多不确定性，而且不确定性越大，产生的市场机会就会越多。

（五）地方文化氛围

一个地区文化氛围影响创新创业机会的识别。创新创业文化氛围由地方创新创业导向和政府、金融等机构对创新创业的态度两部分构成。换言之，当创新创业文化氛围浓郁，政府或金融机构等大力支持时，创新创业的机会就会增加，创业者在识别机会时就会相对容易些。一个地区的文化决定着人们的生活方式，当人们进入自我雇用和独立状态时，创新创业者便会寻求创新创业的机会。

在识别创业机会时，创业者可以运用多种方法。我们将常用的方法进行了如下归纳：

1. 系统分析发现创业机会

大部分的创业机会是通过系统分析发现的。创业者可以通过政治、经济、法律或技术等宏观环境以及客户、竞争者、供应商等微观环境等的变化发现并找到创业的机会。发现机会的一般规律为凭借市场调查，从变化的环境中找到并发掘创业机会。

2. 分析问题和客户建议发现创业机会

问题分析时，首先面临的问题是什么才是最棒的。对创业者而言，识别创业机会的基础是一个有效且有回报的解决办法。在分析的时候，创业者不仅需要对客户的需求进行全面了解，还要了解能够满足这些需求的手段或方法。

一个新的创业机会有可能是由客户帮助识别出来的。之所以这么说，主要是因为他们明白自身的需求，这样一来客户就为创业者提供了一个新的机会。客户的需求和建议有很多种，提出建议的方式也有很多，大部分都是非正式的建议或要求。不管采用什么样的方法或手段，一个注重实效的创业者总是非常希望能通过客户得到一些意外的想法。

3. 创造得到创业机会

这种方式常出现在新技术行业。它可能源于满足市场的需求，进而刺激创业者或企业积极探索新的技术和新的知识；它有可能源于新的技术发明，进而去探索新技术的潜在的商业价值。一般来说，通过创造获得机会相比其他方法获得机会难度更大，风险也相对比较高，不过一旦获得，回报也会非常大。在这样的情况下，创业者获得的创新影响是非常大的，甚至居于压倒性的主导地位。

五、识别创业机会的一般步骤

创业过程开始于创业者对创业机会的把握。大学生创业者从成千上万繁杂的创意中选择了他心目中的创业机会，随之不断持续开发这一机会，使之成为真正的企业，直至最终收获成功。这一过程中，机会的潜在预期价值以及创业者的自身能力被反复权衡，创业者对创业机会的战略定位也越来越明确，这称为机会的识别过程，也称为机会开发过程，或者机会规划过程。一些学者认为机会的识别和开发是创业的基础，应该是这个领域研究的焦点。一部分学者认为创业过程的核心部分是机会的创造及识别。机会识别是创业者机敏发现的结果。这是因为获得创业利润的机会是可能存在的，但是只有在认识到机会的存在并且机会具有价值时创业者才可能获得利润，因此对机会的发现和开发的解释是创业的一个关键内容，识别和选择正确的机会是创业者成功开展新业务的重要能力之一。

创业机会识别包括三个过程：第一，感觉或感知到市场需求和尚未利用的资源；第二，认识到或发现在特殊的市场需求和特别的资源之间相匹配的东西；第三，这种相匹配的东西以新业务的形式展现出来。这些过程分别代表了感知、发现和创造，而不仅仅是识别。

创业机会识别可概括为机会发现、机会鉴别、机会评价三个阶段。

（一）机会发现

创业开始的关键可能来源于一个新产品或服务的创意，而创意往往来源于对市场机会、技术机会和政策变化信息的敏感和分析，来源于创业者在个人经验基础上的灵感。

这一阶段创业者对整个经济系统中可能的创意展开搜索，如果意识到某一创意可能是潜在的商业机会，具有潜在的发展价值，就将进入机会识别的下一阶段。

首先，根据创意，明确研究的目的或目标。例如，创业者可能会认为他们的产品或服务存在于一个市场，但他们不能确信产品或服务如果以某种形式出现，谁将是顾客。这样，研究的目标便是询问顾客如何看待产品或服务、潜在的顾客愿意在哪里购买。

其次，从已有数据或第二手资料中收集信息。这些信息主要来源于商贸杂志、图书馆、政府机构、大学或专门的咨询机构以及互联网等。一般创业者可以找到一些关于行业、竞争者、顾客偏好趋向、产品创新等方面的信息。该信息的获得一般是免费的，或者成本较低。

最后，从第一手资料中收集信息。收集第一手资料数据，可通过观察、上网、访谈、集中小组试验以及问卷等。该信息的获得一般来说成本比较高，但却能够帮助创业者获得更有意义的信息，从而更好地识别创业机会。

（二）机会鉴别

相对整体意义上的机会识别过程，这里的机会识别应当是狭义上的识别，即从创意中筛选合适的机会。这一过程包括两个步骤：首先是通过对整体市场环境及一般行业的分析来判断该机会是否在广泛意义上属于有利的商业机会；其次是对于特定的创业者和投资者来说，这一机会是否有价值，也就是个性化的机会识别阶段。

一般来说，有关市场特征、竞争者等的可获数据，常常反过来与一个创业机会中真正的潜力相联系，也就是说，如果市场数据已经可以获得且清晰显示出重要的潜力，那么大量的竞争者就会进入该市场，该市场中的创业机会随之减少。因此，对收集的信息进行结果评价和分析，识别真正的创业机会是重要的一步。一般而言，单纯地对问题答案的总结，可以给出一些初步印象；接着对这些数据信息交叉制表进行分析，则可以获得更加有意义的结果。也就是说，对创业者来说，收集必要的信息，发现可能性，将别人看来仅仅是一片混乱的事物联系起来以发现真正的创业机会是非常重要的。

（三）机会评价

实际上这里的机会评价已经带有部分尽职调查的含义，相对比较正式，考察的内容主要是各项财务指标、创业团队的构成等。通过机会评价，创业者决定是否正式组建企业，吸引投资。

六、识别创业机会的行为方式

创业者不仅要善于发现机会，更需要正确把握并果敢行动，将机会变成现实的结果。

（一）着眼于问题把握机会

机会并不意味着无需代价就能获得，许多成功的企业是从解决问题起步的。所谓问题，就是现实与理想的差距。比如，顾客需求在没有满足之前就是问题，而设法满足这一需求，就抓住了市场机会。

（二）利用变化把握机会

变化中常常蕴藏着无限商机，许多创业机会产生于不断变化的市场环境。环境变化将带来产业结构的调整、消费结构的升级、思想观念的转变、政府政策的变化、居民收入水平的提高等。人们透过这些变化，就会发现新的机会。在国营事业民营化的过程中，创业者可以在交通、电信、能源等产业中发掘创业机会。私人轿车拥有量的不断增加，将产生汽车销售、修理、配件、清洁、装潢、二手车交易和陪驾等诸多创业机会。任何变化都能激发新的创业机会，需要创业者凭着自己敏锐的嗅觉去发现和创造。

（三）跟踪技术创新把握机会

世界产业发展的历史告诉我们，几乎每一个新兴产业的形成和发展，都是技术创新的结果。产业的变更或产品的替代，既满足了顾客需求，同时也带来了前所未有的创业机会。比如，计算机诞生后，与之相关的创业机会应运而生。任何产品的市场都有其生命周期，产品会不断趋于饱和达到成熟直至走向衰退，最终被新产品所替代。创业者如果能够跟踪产业发展和产品替代的步伐，通过技术创新则能够不断寻求新的发展机会。

（四）在市场夹缝中把握机会

创业机会存在于为顾客创造价值的产品或服务中，而顾客的需求是有差异的。创业者要善于找出顾客的特殊需要，盯住顾客的个性需要并认真研究其需求特征，这样就可能发现和把握商机。时下，创业者热衷于开发所谓的高科技领域等热门课题，但创业机会并不只属于"高科技领域"，在保健、饮食、流通这些所谓的"低科技领域"也有机会。所以，创业者要克服从众心理和传统习惯思维的束缚，寻找市场空白点或市场缝隙，从行业或市场在矛盾发展中形成的空白地带把握机会。

（五）捕捉政策变化把握机会

新政策出台往往引发新商机，如果创业者善于研究和利用政策，就能抓住商机。2006 年国家出台了新的汽车产业政策，鼓励个人、集体和外资投资建设停车场。停车场日益增多的同时，对停车场建设中的智能门禁考勤系统、停车场系统、通道管理系统等的需求也随之增多，专门供应停车场所需的软硬件设备就成为一个重要商机。事实上，从政策中寻找商机不仅表现在政策条文所规定的表面，随着社会分工的不断细化和专业化，政策变化所提供的商机还可以延伸，因此，创业者可以从产业链在上下游的延伸中寻找商机。

（六）弥补对手缺陷把握机会

很多创业机会是源于竞争对手的失误而"意外"获得的，如果能及时抓住竞争对手策略中的漏洞而大做文章，或者能比竞争对手更快、更可靠、更便宜地提供产品或服务，也许就找到了机会。为此，创业者应追踪、分析和评价竞争对手的产品和服务，找出现有产品存在的缺陷，有针对性地提出改进方法，形成创意，并开发具有潜力的新产品或新功能，就能够出其不意，成功创业。

第二节　创业机会评价

一、有价值创业机会的基本特征

创业机会要具有能给企业带来良好收益的可能性。对于创业成功者，创业机会非常重要，只有抓住了创业机会，创业者才能去实现自己的创业梦想。创业机会具有如下特征：

（一）客观性

创业机会是客观存在的，不依赖于人的主观想象。无论创业企业是否意识到，它都会客观存在于一定的社会经济环境之中。尽管有时是企业在创造一些市场机会，但是这些所谓创业机会是早就客观存在的，只是被创业企业最先发现和利用而已。

客观存在的创业机会对所有人都是公开的。每个创业者都有可能发现，不存在独占权。创业者发现创业机会，就要考虑潜在的竞争对手，不能认为发现创业机会就能独占，不能认为独占创业机会就意味着成功。

（二）偶然性

创业机会需要靠人去发现，大多数时候，创业机会不可能明显地摆在创业者面前，机会的发现常常具有一定的偶然性，关键要靠创业者去努力寻找。创业机会无处不在、无时不有，关键在于寻找和识别，要从不断变化的必然规律中预测和把握机会。

对待创业机会，创业者要防止两种倾向：一是贬低机遇的作用。机遇是客观存在的，机遇的发现和利用要依靠创业者的思考和实践，蕴含着创业者努力的必然性。二是盲目崇拜机遇。这类人对机遇无能为力，认为它来无影去无踪，这也是不对的，忽视了创业者的主观努力。

（三）时效性

时效性是指创业机会必须在机会窗口存续的时间内被发现并利用。而机会窗口是指商业想法推广到市场上所花费的时间。若竞争对手已经有了同样的思想，并已把产品推向市场，那么机会窗口也就关闭了。事物总是不断发展变化的，当事物发展对创业有利时，这就是创业机会，但事物还会继续发展，不会停滞不动，机会如果不被加以利用就会因为发展变化而消失。而且由于机会的公开性，别人也可能利用，这就改变了供需矛盾，加速了事物的变化过程，机会也就失去了效用，甚至成为创业者的威胁。对于创业者来说，要抓住创业机会并及时利用，越早发现创业机会并采取措施将机会付诸实施，成功的可能性也就越大。

（四）行业吸引力

不同行业的利润空间、进入成本和资源要求不同，其行业吸引力自然存在差异。一般来说，最具有吸引力的持续成长的行业，有不断增长的市场空间和长期利润的预期，对新进入者的限制较少。此外，当产品对消费者必不可少时，如生活必需品，消费者对该产品存在刚性需求，这也会提升行业吸引力。

行业的选择是创业者选择机会首要考虑的问题。波特认为，企业战略的核心是获取竞争优势，而获取竞争优势的因素之一是企业所处产业的整体盈利能力，即产业吸引力。因此，更多的创业机会应该来自具有潜在高利润的产业。

（五）创造或增加价值

创业机会能够为顾客或最终用户创造或增加极大的价值，能够解决一项重大问题或者满足某项重大需求或愿望。因此，顾客或最终用户愿意支付更多的费用。正如世界著名的市场营销学权威菲利普·科特勒所说，顾客是价值最大化者，所谓满足顾客的需求，就是要为顾客提供最好、最多、最大的价值。因此，创业者在选择创业机会时的核心问题是：我们创办的企业能为顾客或最终用户提供什么样的价值？

（六）不确定性

创业机会总是存在的，但机会的发展事先往往难以预料。创业机会在一定条件下产生，条件改变了，结果往往也会随之而改变。创业者在发掘创业机会的时候，一般是根据已知条件进行的，但结果可能会出乎意料，因为条件改变了，或者创业者利用机会的努力程度不够。

二、创业想法与创业机会

创业想法并不等同于创业机会，它们之间既有区别又有联系。

（一）创业想法

创业想法是创业的开端，一个好的创业想法就像一颗优秀的种子，是创业成功的前提条件。创业想法并不必然等于市场机会。创业想法可以漫无边际、异想天开，不一定注重实现的可能性，创业想法远比市场机会丰富。

1. 创业想法的内涵

一家成功的企业既要满足顾客的需要，提供顾客想要的产品，又能为企业带来利润。创业想法应当包括：

(1)你的企业将销售什么产品或服务？

(2)你的企业将向谁销售产品或服务？

(3)你的企业将如何销售产品或服务？

(4)你的企业将满足顾客的哪些需求？

2. 创业想法的重要性

创业源于一个好的创业想法。创业的魅力就在于这个神秘的想法产生过程。创业想法的产生是创业过程中最困难的、最关键的、最没规律可循的一个环节。

一个好的创业想法来之不易，需要反复揣摩、推敲，最终还要接受市场的检验。无论是哪种类型的想法，也无论是何种规模的想法，你都有可能曾经无限接近过这个好的想法，可是却从来没有让别人了解到，尽管你也曾经做过很多次勇敢的尝试。要想让你的创业想法能够被别人了解、接纳，并让你的创业想法从理想变成现实行动，你会采取何种措施？

(1)让你的想法成为一种循序渐进的步骤。如果你的想法能够和某个现有的计划或行动结合起来，并且被视为一种补充的话，它看起来就没那么遥远，也就更有可能被采纳。

(2)把想法分解为很多小的步骤。把你的想法分成很多小的部分，这样就可以分阶段执行。风险越小的想法越有可能得到实现。

(3)将你的想法融入别人的想法之中。利用其他人的想法是一种伟大的技巧，这个技巧你可能已经使用过了。这里的窍门在于为这个人的想法增加一些补充。如果对方处于更强有力的地位，那么这通常会是一种最成功的方法。

(4)想法应该从小到大并能够确保可行。在产生想法的头脑风暴环节，有些非常好的想法会被否定掉，因为这些想法一开始就显得过于宏大了。介绍你的想法应该从小处着眼，让别人产生兴趣，并且形成共识，然后在交谈中丰富这个想法。

(5)问"在什么条件下"打开头脑风暴的大门。当你得到一个否定的回应时，看看你是否能够破解僵局，打开可能之门，你可以问："你认为在什么样的条件下我们可以前进？"这种方法可以避免陷入僵局，并且可能会获得源源不断的创意。

(6)计算你的想法的"收益"。这意味着如果你要成功的话，应该计算每个想法的收益率(性价比)。

3. 产生创业想法的途径

全世界的创业者，每天都会产生各种各样的创业想法，他们的创业想法都是从哪里来的？下面介绍部分产生创业想法的途径。

(1)爱好和兴趣

很多人通过追求爱好或兴趣，产生创业想法。你喜欢玩电脑、烹饪、音乐、旅行、运动或表演，你就可以把它们发展成为一个创业想法。例如，如果你喜欢旅行、表演，你就可以进入观光和旅游行业——它是世界上最大的产业之一。

(2)个人的技能和经验

一半以上的成功创业想法都来源于工作的经验。例如，一个拥有在大车间工作经验的机械技工，他(或她)就可能创办汽车修配厂。因而，那些潜在的创业者背景在决定创办企业以及企业类型的过程中扮演了至关重要的角色。你的技能和经验是你最重要的资源，不仅是在产生想法方面，而且还体现在如何利用这些想法方面。

（3）大众传媒

大众传媒是大量信息、想法和机会的来源。大众传媒包括报纸、杂志、电视和互联网等。认真浏览大众传媒，在报纸或杂志上你经常可以找到关于转让企业的商业广告，这是创业者很好的信息来源。在新闻出版物或互联网上的文艺、电视纪录片中，经常会有关于流行趋势或消费者需求变化的报道。例如，你能读到或听到人们对健康和减肥食品的兴趣日益增加；你或许可以发现某个新的投资概念，比如特许经营等。

（4）展览会

另外一个产生创业想法的途径就是参加展览会和商品交易会。在报纸和杂志上经常会有展览会和商品交易会的广告。通过实地参观，你不仅可以看到新产品和服务，还可以见到厂商、批发商、发行商和经销商，接触到很多好的创办企业的想法来源、信息和帮助。他们也经常会寻找像你这样的人。

（5）市场调查

一个新的创业想法的焦点就是消费者。通过调查确定消费者的需求和需要是提供产品或服务的基础。创业者可以通过与人进行正式或非正式的交谈来调查，也可以使用调查问卷、访问或者观察。创业者可以通过与家庭成员或朋友交谈找出他们的需求，比如他们是否对现有的产品或服务满意，他们希望看到什么样的改进或改变。创业者可以与厂商、批发商、代理商和零售商交谈。预先为一个调查或访谈准备一系列有关的问题是非常有用的。问题要贴近和联系消费者、渠道成员，由此更好地判断消费者的需求以及市场状况。创业者应该并且尽可能多地与消费者交谈（包括现有和潜在的消费者），能从他们那里获得更多的信息。

除了和人交谈，创业者还可以通过观察获得信息。假设创业者决定在某条街上选址开店，可以观察和计算在特定的天数里通过街道的人数，并且与其他地点进行比较。创业者对旅游者经常去的地方感兴趣，就可以进行调查，了解一下是否可以制造或经营工艺品。创业者注意到一个地区或某条旅游线路上没有标准稍高的饭店或旅馆，就可以了解一下情况，那里是否有对标准稍高饭店或旅馆的需求，是否可以提供相应的服务。

（6）用户反馈

消费者的抱怨导致许多新产品或服务的诞生。无论什么时候，消费者痛苦地抱怨一个产品或服务，或者当你听到有人说"我多么希望能够……"或"只要有一个产品或服务就能……"，你就产生了一个潜在的创业想法。这个想法可以创办一个提供更好的产品或服务的具有竞争力的企业，或者可以将新的产品或服务卖给那些存在问题的企业。

（7）头脑风暴

头脑风暴是一个创造性解决问题和产生想法的技术方法。它的目的就是尽可能多地产生想法。它经常从一个问题或一个难题的陈述开始。每个想法又导致另一个或者更多的想法，最后，产生大量的想法。对于所有的想法，无论从表面上看有多么不合逻辑，都需要被记录下来。

当使用这个方法时，创业者需要遵守以下原则：

第一，不要批评和评价其他人的想法——讨论中没有负面评论；

第二，鼓励随心所欲地想——欢迎那些看似疯狂的想法，越放任，构思越巧；

第三，合适的数量——需要大量的想法，想法越多，好的想法出现的概率就越大；

第四，在其他人的想法基础上改善和提高——其他人的创意可以被用来促进产生新的创意。

(8)创造力

创造力是利用新的或不同的方法设计、排列、制造新事物。创造性地解决市场需求和问题的能力经常作为商业运作成功或失败的标志，它也用来从普通企业当中区别出那些快速增长的企业。想要具备创造性，创业者需要开拓思维和视野。

（二）创业机会

生活中存在着大量的创业机会，关键的问题是你能否有耐心不断寻找，即便是暂时没有得到很好的机会，也不要轻易放弃。只有自信、执着、富有远见、勤于实践，才会让你握有一张创业成功的车票。

1. 创业机会的内涵

发现、寻找和利用创业机会是任何一个成功创业者的特征之一，也是成功创办和管理企业的基础。纽约大学柯兹纳教授认为创业机会就是未明确的市场需求或未充分使用的资源或能力。它具有很强的时效性，甚至瞬间即逝，一旦被别人把握住也就不存在了。而创业机会又总是存在的，一种需求得到满足，另一种需求又会产生；一类机会消失了，另一类机会又会产生。大多数机会都不是显而易见的，需要去发现和挖掘。

创业机会是能够满足消费者的需求，并能使投资者收回投资的有吸引力的商业想法或主张。

如何将想法转化成一个创业机会？一个简单的回答就是，如果收入能够超过成本，就能从中得到利润。例如，你可能通过一项新技术发明了一个非常有创意的产品，但是市场可能并不需要它；或者一个想法听起来不错，但是在市场上没有竞争力，不具备必要的资源，也是不值得做的。尽管有时市场有需求，但是需求的数量不足以收回成本。事实上在新产品中有超过80％的都是失败的。很多发明家的想法看起来很好，但是不能经受市场的考验。当真正实践时，创业者要全面调查下面所列的要点：

(1)创业机会是能够满足消费者的需求，并能使投资者收回投资的有吸引力的想法或主张。

(2)创业想法和创业机会的区别与联系：一个好的创业想法未必是一个好的创业机会，一个好的创业机会必定来源于好的创业想法。

2. 创业机会的特征

许多创业者因为仅凭想法去创业而失败了。那么，如何判断一个好的商业机会呢？

《21世纪创业》的作者杰夫里·第莫斯教授提出，好的商业机会有以下四个特征：

(1)它提供的创业产品或服务应该很能吸引顾客；

(2)它能在你的商业环境中畅通无阻；

(3)它必须在机会之窗存在的期间被实施(机会之窗是指商业想法推广到市场上去所花的时间，若竞争者已经有了同样的思想并把产品已推向市场，那么机会之窗也就关闭了)；

(4)你必须有资源(人、财、物、信息、时间)和技能才能创立业务。

三、创业机会评价的特殊性

针对创业机会的市场与效益面，下文提出一套评估准则，并说明各准则因素的内涵，目的是为创业者提供创业开发的决策参考。

(一)市场评估准则

1. 市场定位

一个好的创业机会，必然具有特定市场定位，专注于满足顾客需求，同时能为顾客带来增值的效果。因此评估创业机会的时候，可由市场定位是否明确、顾客需求分析是否清晰、顾客接触通道是否流畅、产品是否持续衍生等来判断创业机会可能创造的市场价值。创业带给顾客的价值越高，创业成功的概率也会越大。

2. 市场结构

创业机会的市场结构包括进入障碍、供货商、顾客、经销商的谈判力量、替代性竞争产品的威胁以及市场内部竞争的激烈程度。市场结构分析可以反映新企业未来在市场中的地位以及可能遭遇竞争对手反击的程度。

3. 市场规模

市场规模大小与成长速度，是影响新企业成败的重要因素。一般而言，市场规模大者，进入障碍相对较低，市场竞争激烈程度也会略为下降。如果要进入的是一个十分成熟的市场，那么纵然市场规模很大，由于已经不再成长，利润空间必然很小，因此这一新企业恐怕就不值得再投入。反之，一个正在成长中的市场，通常也会是一个充满商机的市场，所谓水涨船高，只要进入时机正确，必然会有获利的空间。

4. 市场渗透力

对于一个具有巨大市场潜力的创业机会，市场渗透力(市场机会实现的过程)评估将会是一项非常重要的影响因素。聪明的创业家知道选择在最佳时机进入市场，也就是市场需求正要大幅成长之际。

5. 市场占有率

从创业机会预期可取得的市场占有率目标，可以显示这家新创公司未来的市场竞争力。一般而言，成为市场的领导者，最少需要拥有20%以上的市场占有率。如果低于5%的市场占有率，则这个新企业的市场竞争力自然不高，也会影响未来企业上市的价值。尤其处在具有赢家通吃特点的高科技产业，新企业必须拥有成为市场前几名的能力，才具有投资价值。

6. 产品的成本结构

产品的成本结构，也可以反映新企业的前景是否光明。例如，从物料与人工成本所占比重之高低、变动成本与固定成本的比重以及经济规模产量大小，可以判断该企业创造附加价值的幅度以及未来可能的获利空间。

（二）效益评估准则

1. 合理的税后净利润

一般而言，具有吸引力的创业机会，至少需要能够创造 15％以上税后净利润。如果创业预期的税后净利润在 5％以下，那么这就不是一个好的投资机会。

2. 达到损益平衡所需的时间

合理的损益平衡时间应该能在两年以内达到，但如果三年还达不到，恐怕就不是一个值得投入的创业机会。不过有的创业机会确实需要经过比较长的耕耘时间，通过这些前期投入，创造准入障碍，保证后期的持续获利。在这种情况下，可以将前期投入视为一种投资，才能容忍较长的损益平衡时间。

3. 投资回投率

考虑到创业可能面临的各项风险，合理的投资回报率应该在 25％以上。一般而言，15％以下的投资回报率是不值得考虑的。

4. 资本需求

资金需求量较低的创业机会，一般比较受投资者的欢迎。事实上，许多个案显示，资本额过高其实并不利于创业成功，有时还会带来稀释投资回报率的负面结果。通常，知识越密集的创业机会，对资金的需求量越低，投资回报反而会越高。因此在创业开始的时候，不要募集太多资金，最好通过盈余积累的方式来积累资金。而比较低的资本额，将有利于提高每股盈余，并且还可以进一步提高未来上市的价格。

5. 策略性价值

能否创造新企业在市场上的策略性价值，也是一项重要的评价指标。一般而言，策略性价值与产业网络规模、利益机制、竞争程度密切相关，而创业机会对于产业价值链所能创造的价值效果，也与它所采取的经营策略与经营模式密切相关。

6. 资本市场活力

当新企业处于一个具有高度活力的资本市场时，它的获利回报机会相对也比较高。不过资本市场的变化幅度极大，在市场高点时投入，资金成本较低，筹资相对容易。但在资本市场低点时，投资新企业开发的诱因则较低，好的创业机会也相对较少。不过，对投资者而言，市场低点的成本较低，有的时候投资回报反而会更高。一般而言，新创企业活跃的资本市场比较容易创造增值效果。因此资本市场活力是一项可以被用来评价创业机会的外部环境指标。

7. 退出机制与策略

所有投资的目的都在于回报，因此退出机制与策略就成为一项评估创业机会的重要指标。企业的价值一般也要由具有客观评价能力的交易市场来决定，而这种交易机制的完善程度也会影响新企业退出机制的弹性。由于退出的难度普遍要高于进入，所以一个具有吸引力的创业机会，应该要为所有投资者考虑退出机制以及退出的策略规划。

四、创业机会评价的策略

（一）定性分析法

定性分析法是通过哲学思辨、逻辑分析的方式对评价对象进行分析，其依据主要是评价对象的表现、现实状态或者已有的文献资料，从而对评价对象进行主观的定性结论的价值判断。常见的定性分析方法包括专家意见法、用户意见法等。单纯的定性分析方法对评价结果的分析不够深入，因此在对创业机会评价时需结合定量分析法。

（二）定量分析法

定量分析法是对统计数据进行数理模型的处理，用数理模型计算出的结果对评价对象进行说明和判定的一种方法。

1. 标准打分矩阵法

该方法根据创业机会目标的测定，选择对创业机会成功具有较大影响的因素，构建评价指标体系，借助专家的经验和知识权威性，对每个因素进行打分，然后计算每个因素在创业机会下的加权平均数，最后进行影响因素排序。

2. 贝蒂选择因素法

贝蒂选择因素法通过对 11 个选择因素的设定对创业机会进行判断，如果某个创业机会只符合其中的 6 个或更少的因素，那么这个创业机会的成功率较低，反之则较高。

▸▸ 知识链接

"80 后"女性创业经历

陈亦辛本科毕业时，家里人给安排两条路：出国或读研。考研失败，她不甘去国外读书，在创业热潮的影响下，她最终选择自己创业，趁年轻做一点儿有挑战的事。

1. 偶然机会进入木门行业，开启创业之门

一个偶然的机会，她选择木门行业作为自己的创业起点。木门行业是先销售后生产，无库存，也是千家万户都需要的东西。当时几大木门行业并没有形成几分天下的

局面，每种门在市场占有率不到 1%，这是发展的机遇。

2. 严把生产关，做好售前售后

刚入行的陈亦辛从销售工作做起，走了几个门市，发现很多问题。她首先做的就是把直营店门市全部装修，扩大门店面积，装修突出亮点，站在消费者角度，提升消费享受。在销售人员的聘用上，也雇用年轻漂亮的营业员，制作了具有美感的工服，体现"80 后"个性。公司发展后期，由于售后服务的理念不同，同合伙人分歧越来越大，陈亦辛在家人支持下收购了整个企业，决定进行体系化统一管理。

3. 制度化人性化管理，用心对待员工

不懂管理、不懂销售的陈亦辛，经营的秘诀就是用心去看、去听、去总结。对自己员工公正，也非常用心，为员工设计职业生涯规划，提升员工素质。

4. 精挑细选，建立良好销售渠道

销售渠道是一种无形资产。陈亦辛除了直营店建设外，还拓展更多的销售网点。对经销商的挑选关键在三点：一是想不想赚钱，想赚钱的经销商更重视品牌；二是想赚多少钱，只有蛋糕做大，大家才能共赢；三是想不想赚稳钱，只有想赚稳钱的经销商，才会用心去做。第一批经销商合同执行率达 95%。

正是在这样的理念下，陈亦辛经营的木门销售遍及重庆、云南、贵州、江西、山西等众多省市。"80 后"的陈亦辛用自己独特敏锐的思维和真诚的态度勇敢执着地前进。

陈亦辛在发现木门存在的商机，并进行价值评价，认为这是个有价值的创业机会。但对于大学生创业者来说，不是都能识别出有价值的商业机会，因此对创业机会需要学习本章的一些理论方法，结合实际情况对创业价值进行识别。

大数据技术本身的发展，带来全新的创业方向。大数据时代，创新带动创业发展。大数据相关技术的发展，将会创造出一些新的细分市场。比如，数据技术产业，包括硬件方面的智能管道、物联网、服务器、存储、传输、智能移动设备等，软件方面的语言、数据平台、工具、结构与非结构数据库、应用软件等，服务方面的互联网数据中心(IDC)、云计算、Web 应用等；数据采集业，包括定位、支付、社交网络服务(SNS)、邮件等行业；数据加工业，包括数据挖掘、数据分析、数据咨询等产业。这些都为创业者提供了新的机遇。

第三节　创业风险识别

一、创业风险概述

创业风险指的是在创业过程中存在的风险，是指由于创业环境的不确定性、创业机会与创业企业的复杂性以及创业者能力与实力的有限性而导致创业活动偏离预期目标的可能性。

大学生创业存在很多风险。这些风险主要有以下类型：

（一）法律风险

法律风险是指因没有遵守政策法律规定或因政策法律变化给创业者或新创企业带来的风险。

很多大学生在创业前不认真了解与创业相关的法律内容，或者虽有所了解，但在实践中的众多环节上却有所忽视。例如，在创业和经营中，他们对一些经营管理手续不是十分清楚，没有意识到潜在的法律隐患，往往以感情代替规则，以主观判断代替理性思考，以赌博意识、投机心理和冒险行为代替理性的法律思维，做一些自认为合理但不合法律规定的事，以致给自己或企业带来麻烦甚至损失；在签署合同、洽谈业务时，没有用法律武器好好保护自己而导致创业失败，甚至承担刑事责任，或是被对方钻了空子，无法维护自身的合法权益。

可见，法律知识匮乏、法律意识不强，是大学生创业风险形成的主要原因之一。

（二）经营管理风险

经营管理风险又称营业风险，是指在经营管理过程中因出现各种失误而导致企业盈利水平下降或成本增加的风险。

经营管理风险主要有以下几种可能：

1. 制度风险

企业经营体制同企业发展需要和外部环境不相适应，从而导致企业遭受损失的风险。

2. 产品风险

产品不适应市场需要或缺乏竞争力，导致产品卖不出去的风险。

3. 战略风险

企业战略与企业实际情况相脱节，使企业发展方向出现偏差导致失败的风险。

4. 要素风险

生产要素投入不足而导致收益减少的风险。

5. 营销风险

创业失败基本上都是在营销管理方面出了问题，其中包括决策随意、信息不通、理念不清、急功近利、盲目跟风等。营销风险来自很多方面，主要有以下几大类：市场需求变化，这是导致营销风险存在的首要因素；经济形势与经济政策变化；科技进步；人为因素风险，主要指销售人员和经销商给企业带来的风险。

6. 市场风险

市场是商品由生产者向消费者转移的交易平台。创业很大程度上依赖于市场，没有市场也就没有创业。对大学生创业者而言，由于没有经过市场的历练、不能准确把握市场、产品的开发和生产往往带有盲目性，因而容易使企业遭受市场风险的侵害。

在创业初期，市场风险主要表现在如下方面：不了解市场前景，不能预估市场的实际需求，夸大产品和服务的商业价值；进入市场的时机不恰当，市场拓展不明显，导致产品卖不出去。

（三）技术风险

创业技术风险是指由于技术上的不足或缺陷以及技术分析和决策失误等原因而给创业带来的风险。

技术风险的种类很多，主要类型有：技术不足风险、技术开发风险、技术保护风险、技术使用风险、技术取得与转让风险。

技术风险主要有两种来源：一是创业所需的相关技术不配套、不成熟，或技术创新所需要的设施、设备不完善。这些原因的存在，影响技术的创新性、先进性、完整性、可行性和可靠性，从而产生技术性风险。二是对技术创新的市场预测不够充分。任何一项新技术新产品都要接受市场的检验。如果不能对一项技术的市场适应性、先进性、收益做出比较科学的预测，这项技术在采用的初始阶段就存在一定风险。这种风险产生于技术本身，因而属于技术风险。就是说，企业在技术创新上确实存在着风险，不是技术越先进越好。

（四）财务风险

财务风险是指公司因财务结构不合理、融资不当使公司丧失偿债能力，进而导致预期收益下降或创业失败的风险。

创业企业中的财务风险形式主要有以下几种：

1. 信用风险。它表现为创业企业因自身信用不足而导致借不到钱或债主提前要求归还欠款的风险。

2. 资产结构风险。它指过高的债务融资、借款或自有资本严重不足而使企业承受较高的融资成本压力或还款压力，在创业初期表现为现金流出量过大。

3. 资金占用风险。在流动资产中，如果货币资产的比重过小，就会减少资产的流动性。这会增加创业企业清偿债务的风险。

4. 分配资本的风险。如果创业企业剩余收益全部分配给投资者，没有留存或留存的比例过低，都会导致企业后续资本不足，影响企业的筹资能力和经营能力。

5. 汇率风险。创业企业如果从境外取得贷款或有进出口业务，就会拥有一定数量的外汇存款、外汇债权或债务。外汇市场变幻莫测，汇率的波动会使企业存在汇率风险。

二、创业风险识别的可能途径

创业风险识别是指创业者根据创业活动的迹象、在各类风险事件发生之前就运用各种方法对风险进行的辨认与鉴别，是一个系统地、连续地发现风险和不确定性的过程。大学生创业不仅要敏锐地识别国家经济政策的调整、市场需求的变化等显性风险，还要能够识别当某一形势发生变化所带来的连锁反应以及突发事件等隐性风险。

（一）创业风险识别的途径

在识别新创企业的风险时，一般从以下三个方面入手：

1. 自然环境

自然环境是企业风险最基本的来源。如旅游行业在组团出游时突然发生泥石流灾害而被迫中断旅游；建筑行业在施工过程中因遭遇暴风雨而延误工期；邀请的演员文艺演出活动因铁路中断或飞机推迟起飞而推迟或取消等。

由于自然灾害而给企业带来的风险有时是可以预测的，有时又是无法避免的。创业大学生应当善于收集各类预报信息、掌握必要的地理气象知识、注意收听气象预报、观察自然环境变化，从而识别并规避可能的风险。

2. 社会环境

社会经济文化环境给新创企业带来的风险常常出现在跨地区经营的企业。地区间的文化差异往往成为导致企业失败的原因。此外，同一地区的消费者价值观也会随着时间的变化以及利率的波动、贷款政策的变化、通货膨胀等因素而发生变化，这都会给新创企业带来风险。由社会经济文化带来的风险容易识别，创业大学生应当对此进行充分调查、掌握相关信息、及时发现其中的风险。

国家政策法规往往是企业发展的风向标。不同创业者面对同一国家政策时的行动不尽相同，政策变动往往会给企业带来一定的影响。另外，政策法规的健全与否也会给企业带来风险。如果一个地区的法制不健全、各项商业活动得不到法律的保护，那么，要从事商业活动必然会面临巨大的风险。创业大学生应当通过学习政策法规的变化和建设状况来识别创业风险。

3. 企业自身运营状况

风险最常出现的地方是企业自身的运营过程，企业的每一步决策都伴随着不同程度的风险。对此，创业大学生必须在决策时慎重思考、综合分析，尽量避免不必要的风险。

对于一些传统的、常见的风险，创业大学生可以凭借经验和简单的风险知识就能够识别。但是，由自然灾害、企业经济文化环境等原因给企业带来的风险很难识别，必须要有一定的方法。企业风险识别一般有两种途径：一是借助外在的力量，如保险公司、风险及保障学会等机构；二是根据企业内部自身特点以及信息数据，自行设计风险识别的方法。

（二）创业风险识别的方法

每个企业都有自身特点，遇到的风险也不尽相同。因此，识别风险的方法也不相同。概括起来说，识别风险的方法主要有以下两种：

1. 环境扫描法

环境扫描法是指根据所收集和整理的企业内部、外部的各种事件与趋势的信息，来了解和掌握企业所处的内外部环境的变化、辨识企业所面临的风险和机遇。通过环境的扫描，一方面，创业者可以得到企业环境中的人口、社会、文化、政治、技术和经济要素可能的变化；另一方面，企业可以及时获悉内部资源、管理人员、竞争能力、竞争优势等因素的变化情况。然后，创业者再依据一定的模型，预见企业潜在的部分风险。

环境扫描是一种系统的方法，目前在企业应用的主要有三种模式：一是非定期模式。它是对环境出现紧急情况和危机后的一种反应，是一种临时做法和短期行为。它关注的主要是现状，对未来关注较少。二是定期模式。它是一种更加成熟和稳定的模式，能够对过去进行合理回顾、对未来做出相对客观的展望。三是连续性模式。它主要是对企业内外部环境而非特定性风险和事件进行连续监察，并通过计算机信息系统来进行分析和传播。

通过环境扫描后，创业者一旦捕捉到风险信号，就马上进行分析判断，并迅速传递到后续风险管理阶段。因此，它具有较强的系统性、标准性、程序性、技术性等特点。

在启动环境扫描以前，必须首先确定环境扫描的频率和范围。这是环境扫描的重要属性。通过环境扫描，创业者可以了解影响创业活动生存与成功的事件和趋势，找出创业风险要素，确保创业成功。从理论上讲环境扫描的范围越大越好。无限扩大扫描的频率和范围，可以完整地把握创业的风险，但随着扫描频率和范围的提高，所要付出的成本也会增大。根据边际递减规律，超过一定扫描范围和频率所发生的成本将超过获取信息准确性的价值，所以扫描范围并不是越大越好。

2. 情景分析法

情景分析法是一种策略角度的分析技巧。借助这种技巧，创业大学生能够评估不同的偶然事件对自身发展的潜在影响。它使用多维的预测方法，帮助企业对其长期的关键性、薄弱性层面做出评价。

情景分析的目的是帮助企业在那些未必发生但具有灾难性后果的事件发生之前就考虑并了解这些事件的影响。情景分析法通常由创业者使用，被认为是一种非常主观的风险识别工具。

三、创业者风险承担能力的估计

不同类型的创业风险有不同的防范方法。总体而言，创业风险防范方法有以下几种：

（一）充分做好各方面准备

常言说，凡事预则立，不预则废。因此，做好充分准备是防范和控制风险的根本方法。为此要做好如下准备：

1. 做好在挫折、失败中奋起的心理准备

面对残酷的市场竞争和不太确定的市场环境，人人都可能会面临失败。创业者只有抱着良好的心态去面对失败，才能在风险真正来临时不慌乱、不气馁并及时总结反省，也才能有足够的力量和勇气去应对风险、化解风险。

2. 做好风险处理预案

大学生创业会时时刻刻面临风险。我们虽然不知会发生哪种风险、风险何时来临，但我们却可以根据风险类型提前做出应对方案，从而可以在风险来临时规避风险、降低风险造成的损失。例如，我们可以预先做出财务风险预案。这样，当财务风险来临时，我们可以通过执行财务风险预案来降低甚至化解财务风险。

3. 努力强化创业必备的五大硬件

(1)积累经验

大学生在校园里长大，对社会缺乏了解，在市场开拓、企业运营等方面很容易陷入眼高手低、纸上谈兵的误区。因此，大学生创业前要做好两方面工作：一方面应积极参加创业培训、积累创业知识；另一方面要参加社会实践，通过打工、实习甚至短期工作来接触相关企业和实际工作，从而积累相关的管理和营销经验。

(2)筹集资金

大学生创业要拓展思路，多渠道融资。除了银行贷款、自筹资金、民间借贷等传统途径外，大学生还可充分利用风险投资、天使投资、创业基金等融资渠道。多准备几条途径，就可以防止因另一条途径的风险而导致整个财务风险的发生。

(3)掌握专业

当前是知识经济时代，大学生所创企业也将是某种程度上的知识型企业。作为这种企业的经营者和管理者，大学生必须懂得该企业生产或经营的产品的专业知识。只有这样，才能使自己成为本专业领域的行家里手，也才能对这样的企业进行有效的经营和管理。

(4)提升能力

这里的能力主要指企业经营管理能力。要想获得成功，创业者必须专业、经营两手抓。

(5)学习法律

法律应成为大学生创业过程必备的知识。只有懂法、守法，并依据法律保护自己的合法权益，才能确保创业行动的稳健与长久。

4. 认识自我，量力而行

企业的成败取决于领导者的素质和行为。创业之前，评价一下自己是否具备领导者应有的性格特点、技能水平和物质条件，思考并判断自己成功的可能性有多大。概括来说也可以从两个方面进行分析：一是分析自身是否具有企业家的素质与能力，包括对事业的追求、企业的责任、创业动机、身体素质、承担风险能力、企业管理能力以及相关行业知识等。二是个人财务状况分析。创办一个企业，一般要投入大量的启动资金，并且需要较长一段时间才能有足够的利润，切记不能把自己所有的资产都用来创业。

5. 选择创业的最佳方向

当今，创业市场商机无限，但对资金、能力、经验都有限的大学生创业者来说，并非"遍地黄金"。大学生创业者在创业初期一定要做好市场调研，在了解市场的基础上，根据自身特点找准"落脚点"，闯出一片真正适合自己的新天地。

（二）完善组织架构，规范决策

在创业过程中，创业者和企业通常只是对各种市场机会做出反应，而不是有计划、有组织地开发自己所创企业的未来机会。这时，创业者不是左右环境，而是在被环境所左右；也不是驾驭机会，而是被机会所驱使。相应地，企业的行为通常也是被动的，而不是主动的、有预见性的。因此，这时的工作显得较为杂乱，如布置工作得看员工是否有空，而不是根据他们的岗位和能力。典型的行为是因人干事、因人设岗；一些创业者常常习惯于直接给下属布置任务，而不是依照工作流程来安排。在创业成功后，创业者必须考虑完善组织架构、规范各种决策行为，以此来保证科学决策、有效执行决策，不然会面临风险。

在完善组织架构的过程上，创业者不必奢求一步到位，也没必要建立一套持久不衰的组织体系。组织架构也需要根据企业发展需要和外部环境的变化而调整，不可能一劳永逸。为此，创业者要克服围绕人来组织的习惯，要学会围绕工作本身进行组织和实施，努力通过各级组织机构来实现自己决策及经营理念的目标。

一些大企业的做法通常是创业者或企业委托外部咨询公司或具有丰富管理经验的职业经理人来帮助搭建组织机构。较为稳妥的方式是先健全、完善辅助管理部门，如行政部门、财务部门、服务部门的组织设计与调整，然后再完善价值增值部门，如生产部门、营销部门等，这样可以最大限度地稳定企业的经营。设计组织架构时，可以运用一些小技巧。例如，多设置几个管理岗位但并不安排人员。这样，可以对员工形成一种吸引力，从而起到正面激励的作用。

需要注意的是，除完善管理体系以外，还要尽量减少和简化管理层级，防止官僚管理现象的出现。此外，在完善组织架构的同时进一步完善工作流程，建立和健全各种规章制度。

（三）建立激励机制，做好引才、用才、留才工作

在创业开始阶段，创业者与员工都承担巨大的风险，需要风雨同舟、共渡难关，这时可能双方都不计较什么。但是创业成功后，创业者与员工所关注的重心却会发生变化。创业者所关注的是企业未来更大的回报，而员工更关注的是现在的既得利益。如果处理不当，创业者会受到"同患难易共富贵难"的指责，受到巨大的情感压力，有时甚至会发出"没钱容易有钱难"的感慨。如果企业是合伙建立或几个人共同创立，有时难免会因为利益分配而出现创业集体的裂变，给企业造成伤害甚至一蹶不振。如果合伙关系人是在家庭或家族内部，则会使亲情关系受到巨大破坏。另外，随着企业规模的扩大，新员工会不断加入，他们更多的是一种职业选择，因此，创业者必须考虑

建立一种有效的机制来维系企业所需要的更多优秀员工。

人才是企业发展的关键。因此，创业者应该考虑建立一整套科学有效的激励机制。它应当既能保证老员工或合伙人的既得利益，又能真正凝聚更多的优秀人才，从而确保企业得到健康长远发展。

设计激励机制时，创业者要与员工进行有效沟通，使他们尽量理解和接受，要尽量做到一视同仁，避免特殊照顾或特殊政策。当然，创业者也要遵循"老人老办法，新人新办法"这样一条基本原则，既要关注激励的内容，同时又要关注激励的过程和结果。激励制度建立以后要严格执行、及时奖惩，使员工感到激励机制确实是有效的承诺和强大的奋斗动力。这样，无论是精神鼓励还是物质奖励，都能发挥应有的作用。

除了上述激励机制以外，企业发展前景同样也具有激励作用。这需要创业者在创业成功后设法维持或提升企业的经营业绩、规划好企业的未来发展。

（四）尝试授权，学会解脱

在创业初始阶段，创业者主要通过集权来实施管理，大小事情大都由自己去完成。创业成功以后，有两个因素会促使创业者考虑授权问题。一是工作头绪多且复杂，创业者不堪重负。二是员工渴望分享权力，希望得到更大的空间和舞台来展示自己。

所谓授权，是指创业者在自己的职权范围内赋予其下属相应责任和权力并对组织承担最终责任的一种管理手段。授权和分权都是企业管理的手段，其实施也都是分配任务和下放权力的过程，但两者内涵有严格区别：授权是上级授予下属责任和权力，分权是组织中权力的再分配；授权是在上下级进行，分权是在同一级进行；授权者对所授权力负有责任、拥有决策权，被授权者没有决策权；分权者对分配后的职责不负有责任，被分权者具有决策权。创业成功后，创业者应当考虑给员工授权，而不要分权。因为，分权容易产生离心力，也容易使员工自作主张，让创业者失去对企业的控制。当然，从集权到授权，往往使创业者如履薄冰，担心对企业失去控制。所以，授权的准确含义应当是"只准他做我自己才会做的那种决定"。

实际上，最有效的授权办法是由创业者拟定出哪些问题由自己做决定、哪些工作可以交由员工去完成、哪些工作需要员工定期汇报、哪些工作可以放手不管。一般而言，创业者需审批销售计划、财务预算、生产计划等工作，至于销售人员的行为管理、客户拜访计划、销售汇报、车间作业计划、生产排班、加班申请等可授权给中层管理人员负责。当然，财务报账签字、人事安排等重要事务，创业者还是应当自己来掌控，以防止费用上涨和人事矛盾出现。当然，创业者也可把一定额度的签字权授予中层管理人员。通过这样的授权，创业者可以从繁重的事务性工作中解脱出来，把更多的精力放在战略性问题的思考上，从而避免战略决策失误的风险。

（五）量化分析，科学决策

在市场经济条件下，指导社会经济活动要依靠数据的理性分析而不能仅凭主观臆断。为此，要做好以下工作：

1. 进行风险评估

创业风险评估是指对创业风险大小及其影响结果进行的判断，其主要工作包括：分析和判断创业风险的具体来源、主要风险因素，测算风险损失和风险收益，估计自己的风险承受能力，并在此基础上进行风险决策、提前准备相应的风险管理预案，投资后对其加以有效管理控制。

2. 量本利分析

量本利分析是企业制定利润规划的一种基本方法，旨在分析成本、数量和利润三者之间的关系。一切计划是否合理，归根到底要看它对数量、成本和利润产生什么影响。这种分析包括损益分析、边际贡献分析和盈亏临界分析等内容。

3. 投资回收期分析

投资回收期是指资金回流量累积到与投资额相等时所需要的时间。一般来讲，回收时间越短，方案越有利。在占有信息和经验的基础上，通过必要的计算、分析和判断，并根据客观条件提出各种备选行动方案，可以从中选择出一个最优方案而做出创业决策。

▸‣ 思考与练习

1. 创业机会的定义是什么？创业机会有哪些特征？请做详细阐述。

2. 识别创业机会有哪些因素？

3. 创业机会评价的技巧和策略分别有哪些？

4. 详细阐述什么是创业风险。

5. 创业风险防范的可能途径有哪些？

第五章　创业资源及管理

资源与创业者的关系就如同颜料和画笔与艺术家的关系，获取不到创业所需的资源，创业机会对创业者而言毫无意义。机会识别的实质是创业者判断是否能够获取足够的资源来支持可能的创业活动。创业机会的存在本质上是部分创业者能够发现特定资源的价值，而其他人不能做到这一点。就整个创业过程来说，创业机会的提出来自创业者依靠自身的资源财富对机会的价值确认。例如，同样的产品或者盈利模式，一些人会付诸行动去创收，其他人却往往放任机会流失。对于后者来说，往往是因为缺乏必要的创业资源，因此，从这一角度来看，创业就是把创业机会的识别与创业资源的获取结合起来。本章主要讲述创业资源的基本知识、创业融资和创业资源管理。

第一节　创业资源

一、创业资源概述

创业的过程就是创业者建立、整合和拓展资源的过程。创业者能否成功地开发出机会，进而推动创业活动向前发展，通常取决于他们掌握和能整合到的资源，以及对资源的利用能力。许多创业者早期所能获取与利用的资源都相当匮乏，而优秀的创业者在创业过程中所体现出的卓越创业技能之一，就是创造性地整合和利用资源，尤其是那种能够创造竞争优势，并带来持续竞争优势的战略资源。

被称为全球创业学之父的百森商学院杰弗里·蒂蒙斯教授提出，好的商业机会有四个特征：第一，它能吸引顾客，也就是有较大的市场需求；第二，它在现实的商业环境中能行得通；第三，它必须在机会之窗关闭之前被实施；第四，必须有必要的资源和能力把机会变成现实。第四点很重要，公司创业行为经常因为资源枯竭而被迫终止。研究表明，从外部环境中有效获取所需资源必然会对新创企业绩效产生积极的影响。获取创业资源的渠道越多，新创企业的绩效就越高。

创业资源是创业理论中最基础的概念。学者们根据不同的研究目标，在创业理论发展的过程中，对其定义也各有不同，其主要定义如表 5-1 所示。

表 5-1 创业资源的定义

国内外学者	创业资源的定义
法纳费尔特	创业过程中投入的全部有形和无形资源。
霍尔	无形资源可以细化为两种形态，即技能和资产。
多林格	所有创业企业在创业活动中投入的要素和要素的组合。
林嵩、张巧、林强	能够促进企业生存和稳定发展，企业控制或可支配的所有要素和要素组合，包括技术、专利、知识、能力、组织属性等。
刘霞	企业投入创业过程中的各类资产、能力、信息与知识的统称。
余绍忠	可以促进企业生存和发展、实现组织战略的目标与愿景，为企业所拥有或能够控制的各类要素和要素组合。
冯碧云	创业者全部的有形资源和无形资源是在有限的条件下通过自身差异化能力获得的，这种能力会对整个创业过程产生影响，不断推动企业的发展和战略目标的实现。

从表 5-1 可以看出，在创业资源的定义上目前并没有达成共识。但对于创业者而言，只要是对其项目和企业的发展有所帮助的要素都是创业资源。因此，广义来讲，创业资源是能够支持创业者进行创业活动的一切东西，是涵盖新创企业在创造价值的过程中需要的一切支持性资产，既包括有形资产，也包括无形资产。狭义而言，创业资源是促使创业者启动创业活动的关键优势资源。

二、创业资源的分类

创业资源的分类视角有很多。按照不同的分类标准，国内外学者对创业资源的组成要素做了大量的研究工作。

（一）按性质划分

按性质分，创业资源可分为人力资源、物质资源、技术资源、财务资源和组织资源。

1. 人力资源

人力资源不仅包括创业者及创业团队的知识、训练和经验等，也包括团队成员的专业智慧、判断力、视野和愿景，甚至创业者本身的人际关系网络。创业者是创业企业最重要的人力资源，其价值观念和信念是创业企业的基石，其所拥有的人际和社会关系网络使其能够接触到大量的外部资源，降低潜在的创业风险。鉴于企业之间的竞争主要是人才之间的竞争，高素质人才的获取和开发便成为创业企业可持续发展的关键因素。

2. 物质资源

物质资源是创业企业经营所需要的有形资源，如建筑物、机器和办公设备等。一些自然资源，如矿石、木材等原材料有时也会成为创业企业的物质资源。

3. 技术资源

技术资源包括关键技术、制造流程、作业系统、专用生产设备等。通常，技术资源包括三个层次：一是根据自然科学和生产实践经验而发展成的各种工艺流程、加工方法、劳动技能和诀窍等；二是将这些流程、方法、技能和诀窍等付诸实施的相应的生产工具和其他物资设备；三是适应现代劳动分工和生产规模等要求的对生产系统中所有资源进行有效组织和管理的知识、经验和方法。技术资源大多与物质资源相结合，可以通过法律手段予以保护，部分技术资源会形成组织的无形资产。

4. 财务资源

财务资源主要是指货币资源，通常是创业企业向债权人、权益投资者通过内部积累筹集的负债资金、权益资金和留存资金。一般来说，创业初期以不高于市场平均水平的资本成本及时筹集到足额的财务资源，是创业企业成功创办和顺利经营的前提条件。

5. 组织资源

组织资源一般是指企业的正式管理系统，包括企业的组织结构、作业流程、工作规范、信息沟通、决策体系、质量系统以及正式或非正式的计划活动等，有时候组织资源也可以表现为个人的技能或能力。其中，组织结构是一种能够使组织区别于竞争对手的无形资源。那些能将创新从生产功能中分离出来的组织结构会加速创新，能将营销从生产功能中分离出来的组织结构能更好地促进营销。

（二）按来源划分

按来源分，创业资源可分为内部资源和外部资源，如图 5-1 所示。

内部资源是指创业者或创业团队自身所拥有的可用于创业的资源，如可用于创业的资金、技术、创业机会信息等。

外部资源来自外部机会的发现，是创业者从外部获取的各种资源，包括从朋友、亲戚、商务伙伴或其他投资者那里筹集到的投资资金、空间、设备或其他原材料等。

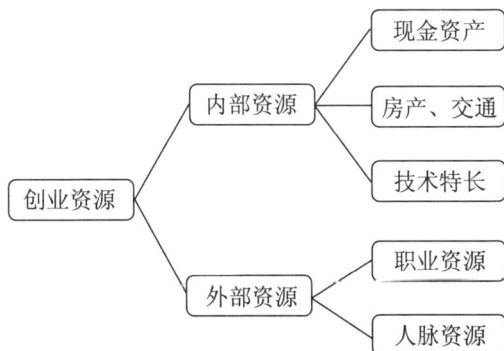

图 5-1 创业资源按来源划分

（三）按存在形态划分

按存在形态分，创业资源可分为有形资源和无形资源。

有形资源是指具有物质形态的、价值可用货币度量的资源，如组织赖以生存的自然资源，以及建筑物、机器设备、原材料、产品、资金等。

无形资源是指具有非物质形态的、价值难以用货币精确度量的资源，如信息资源、关系资源、权力资源及企业的信誉、形象等。无形资源往往是使有形资源更好发挥作用的重要手段。

（四）按重要性划分

按重要性分，创业资源可分为核心资源和非核心资源。

核心资源包括技术资源和人力资源。这些资源涉及创业企业有别于其他企业的核心竞争力。

非核心资源主要包括场地、资金和环境资源。这些资源是创业企业成功创办和持续经营的基本资源。

▶▶ 知识链接

1. 创业资源分类有多个版本，总的来说就是创业项目启动和运营所必需的资源，可以分为知识资源和运营性资源，主要表现形式涵盖人才、资本、技术和管理四个方面。

2. 知识资源的获取和有效利用非常重要，它对运营性资源获取和利用起到关键作用。

三、资源在于"控制利用"，而非"所有"

传统的创业者视野局限在自己的周围，习惯于慢慢地积累，这样不但缩小了机会的范围，也不太容易在今天快速竞争的环境中把生意做大。在商业机会面前，资源总是稀缺的，所以这里要提醒初次创业的人，对于资源的观念不是"拥有"，而应该是"控制使用"。对于创业者而言，资源的所有权并不是关键，最重要的是对他人的资源，即包括金钱方面的和非金钱方面的资源的控制和影响。

企业控制和影响了外部资源，商业机会的范围也就扩大了。企业是如此，国家发展也同样。改革开放之前，我们一直依靠自己的力量在发展经济。改革开放之后，我国用招商引资政策、巨大的市场吸引力、丰富的劳动力资源来吸引外资进入，使经济得到了迅速发展。所以调动外部的资源，可以快速提升自己的能力，做更大的事业。

汇集资源的能力和行动从所持有的观念出发，更适合今天的观念，在注重自己积累资源的同时，时刻放眼外部的资源，这就可能打开一个无限的天空。整合资源的能力让创业者有机会把更多的创业梦想变为现实。

第二节　创业融资

如何能在最短的时间内获得所需资本，把握市场机会，迅速将好的创意转化为产品和服务，是绝大多数创业者所面临的难题。

对于白手起家的创业者来说，突破"钱"的关口，是创业的第一步。关于大学生创业资金的主要来源，调查结果如图 5-2 所示。

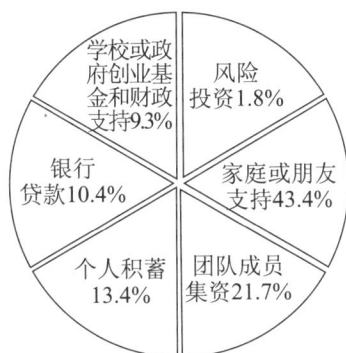

图 5-2　大学生创业资金来源分布

目前，解决这一问题的途径除了国家进行专项财政支持、银行细化贷款申请程序、风险投资公司降低对大学生投资的标准外，最重要的是需要一些全国性或者国际性的协会介入，专门支持大学生创业，为大学生提供专业资金支持，尽可能为大学生降低创业门槛。创业资金不应该成为创业者的"拦路虎"，如果资金问题都无法解决，创业就是一句空话了。

资金是企业经济活动的推动力。它如同润滑剂，不足或欠缺终会导致企业熄火。创业融资难一直是困扰企业的一大瓶颈，作为广泛存在的一个问题，创业者如何获得创业资本、社会资本出路问题也受到学术界的高度关注。同时，创业融资作为资源整合动态过程中的重要环节，有必要从资源整合的视角进行系统考虑。

一、融资概念

创业融资是指创业者为了生存和发展的需要，筹集资本和运用资本的活动，包括新创企业从创意种子期到创业生产期发生的系列融资行为。

创业融资的研究对象是创业企业的融资行为。企业初创期由于缺乏盈余能力而需要不断地投入资金以维持正常运转。事实也证明，初创企业很难靠自有资金来解决各种突发的困境，这就需要从外部筹措。企业步入正常发展轨道，为在竞争中立足，会面临扩大规模、上效益、创新等任务，此时的融资又会被提上议事日程。因此，企业从最初建立到发展、壮大整个过程中都要经历一个融资、投资、再融资的循环过程，创业融资伴随新创企业发展的整个过程。

总体来说，开创新的企业，供创业者选择的融资方式有两种：债务融资和权益融贷。

（一）债务融资

债务融资是指以还本息的方式从金融机构或其他单位、个人等筹措资金的方法，通常包括银行贷款、发行债券、融资租赁等，这是中小企业融资的基本方式。债务融资有以下特点：

1. 短期性

短期性指债务融资筹集的资金具有使用上的周期性，需到期偿还。

2. 可逆性

可逆性指企业采用债务融资方式获取资金，负有到期还本付息的义务。

3. 负担性

负担性指企业采用债务融资方式获取资金，需支付利息，从而形成企业的固定负担。

4. 流通性

流通性指债券可以在流通市场上自由转让。

（二）权益融资

权益融资是指通过出让企业资产所有权以筹措资金的方法，主要渠道有自有资本、朋友和亲人支持、风险投资公司投资。权益融资的特点是永久性，没有固定的股利负担，企业财务负担相对较小，是负债融资的基础。权益资本是企业最基本的资金来源，容易吸收资金。

无论是何种融资方式，既可以内源融资，也可以外源融资。内源融资资金来源主要有经营利润、出售资产的收入、应收账款的回收；外源融资资金来源主要有个人资金、银行贷款、商业信用贷款、信用额度贷款、政府资助、大公司支持、风险投资、出售股票等。

二、融资渠道

创业融资渠道即创业者筹集创业资金的途径，或者称为企业经营所需资金的来源。尽管可供使用的外部经济资源很多，但由于每次融资行为都有其自身的特征，而且创业融资渠道也存在各自的限制条件，这些都将决定企业在创业融资过程中能够或应该采取什么样的融资渠道。

（一）政策基金

近年来，国家大力倡导创新创业，各级政府出台了一系列相应的创业扶持政策，特别是针对大学生创业的扶持政策，如大学生创业税费减免、创业担保贷款和贴息、创业补贴等。各地区均有专门成立的大学生创业扶持基金，以及大学生创业大赛项目平台，除了提供奖金、大学生创业服务外，还为大学生提供创业信息、就业创业培训等。企业的注册、财务、税务、管理、运营等问题，均可以从中得到不同程度的解决。

政策基金的优点：不用担心投资方的信用问题，政府的投资一般都是免费的，可以降低或免除企业的筹资资本。缺点：申请创业基金有严格的申报要求；同时，政府每年的投入有限，筹资者需面对其他筹资者的竞争。

（二）亲情融资

个人筹集创业启动资金最常见、最简单有效的途径就是向亲友借钱。根据世界银行所属的国际金融公司对北京、成都、顺德、温州四个地区的私营企业调查的结果显示：我国的私营中小企业在初始创业阶段几乎完全依靠自筹资金，90%以上的初始资金都由主要的业主、创业团队成员及家庭提供，银行、其他金融机构贷款所占的比重很小。亲情融资属于负债筹资的一种方式，其优势在于一般不需要承担利息，没有财务成本，只在借钱和还钱时增加现金的流入和流出。因此，这种方式筹措资金速度快、风险小、成本低。其缺陷是会给亲友带来资金风险，甚至是资金损失，如果创业失败还有可能影响感情。总之，向亲朋好友借钱时，创业者一定要考虑周全，小心谨慎。

（三）合伙融资

寻找合伙人投资是指按照"共同投资、共同经营、共担风险、共享利润"的原则，直接吸收单位或个人投资合伙创业的一种融资途径和方法。合伙创业不但可以有效筹集到资金，还可以充分发挥人才的作用，并且有利于对各种资源的利用和整合，尽快形成生产能力，降低创业风险。俗话说："生意好做，伙计难做。"合伙投资人人都是老板，容易产生分歧，降低办事效率，也有可能因为权利与义务的不对等而产生矛盾，不利于合伙基础的稳定。

（四）天使投资

天使投资是创业资金的另一来源。天使投资是个人或非正式机构出资协助原创项目或小型初创企业并对其进行一次性前期投资的一种投资形式。被投资的原创项目或小型初创企业一般拥有某种专门技术或独特概念，这是其受天使投资青睐的前提。

天使投资具有以下特征：投资金额一般较小，而且是一次性投入，对风险企业的审查也并不严格，更多的是基于投资人的主观判断或者个人的好恶所决定；很多天使投资人本身是企业家，了解创业者面对的难处，是起步公司的最佳融资对象；天使投资人不但可以带来资金，同时也可以带来关系网络，如天使投资人往往积极参与被投资企业的战略决策和战略设计、为企业提供咨询服务等。

天使投资的风险提示：投资人带有强烈的感情色彩、看待投资项目目光较为短浅；融资程序简单快捷，但融资额度有限。

（五）风险投资

风险投资是典型的股权融资形式，与其他股权融资方式不同，其更看重企业发展的未来，因而对投资项目的考察是所有投资方式中最为客观和严格的。对中小企业而言，风险投资为企业长远发展提供了市场化的资金支持，减少了创业者所承担的风险程度。要获得风险资本的支持，创业者需要直接向风险投资机构申请或通过从事此类业务的中介机构来获取，同时，创业项目应当有好的盈利预期和市场前景、准备充分的商业计划书和优秀的创业团队。

一般而言，无论选择天使投资或是风险投资的融资方式，比较恰当的股权结构是由创业者和他的团队拥有相对多数的股权比例，然后才是由天使投资人与风险投资人拥有次多的股权比例，最后剩余的少部分再邀请策略性企业投资人参与认股。这样的股权结构最有利于创业者与创业精神的发挥，尤其能使创业投入与创业利益最紧密地结合，创业成功的机会也就比较大。

需要提醒创业者的是风险投资家虽然关心创业者手中的技术，但他们更关注创业企业的盈利模式和创业团队。因此，"等闲之辈"很难获得风险投资家的青睐。

（六）金融机构贷款

银行财力雄厚，在创业者中很有"群众基础"。从目前的情况看，银行贷款有抵押贷款、信用贷款、担保贷款、贴现贷款等。银行贷款的优点是利息支出可以在税前抵扣，融资成本低，运营良好的企业在债务到期时可以续贷。银行贷款的缺点是一般要提供抵押（担保）品，还要有不低于30％的自筹资金。由于要按期还本付息，如果企业经营状况不好，就有可能导致债务危机。

（七）股权出让融资

股权出让融资是指创业企业出让企业的部分股权，以筹集企业所需要的资金。投资者以资金换取企业的股权后，企业股东间的关系会产生变化，股东的权利和义务将进行重新调整，企业的发展模式和经营方式也将随之产生变化。

（八）信用担保体系融资

新创企业融资难的一个重要问题就是信用不足。信用担保是指由专门的信用担保机构为中小企业向银行提供贷款保证服务，接受担保服务的中小企业向信用担保机构支付一定担保费用。信用担保是一种信誉，证明和资产责任保证结合在一起的中介服务活动。它介于商业银行和企业之间，担保人对商业银行做出承诺，为企业提供担保，从而提高企业的资信等级。信用担保机构的建立对缓解我国中小企业融资难问题起到了积极的作用。

信用担保融资方式的缺点是银行对信用贷款的信用审核严格，贷款额度相对较低，只适合作为大学生创业者短期内的小额贷款。

（九）互联网平台融资——众筹

众筹是指用"团购＋预购"的形式，向网友募集项目资金的模式，利用互联网传播的特性，让个人可以对公众展示他们的创意，争取大家的关注和支持，进而获得资金援助。

众筹的特点：

1. 除了筹钱之外，内在具有筹集钱之外东西的需求。股权众筹简单概述为"筹人、筹钱、筹资源"。众筹项目参与人众多，每一个参与者都有可能带给项目方钱之外的资源，远远超过线下单一投资机构或投资人所能比拟的。

2. 在融资额度方面，股权众筹参与人众多，许多投资人还没有过股权投资的经验，所以其融资额度要适中。根据云筹摸索出来的经验是众筹项目融资区间为 50 万～500 万元比较合适，过高的融资额往往会超越有限合伙企业的人数限制。

3. 融资项目所处领域不可以过于生僻，产品与技术范畴也不宜太过高精尖。毕竟股权众筹要让大众投资人坐在电脑前就能做出投资决定，而不是由传统的精英投资机构聘请的高学历人士来做行业分析。随着股权众筹向纵深发展，适合于股权众筹的项目类型也会越来越丰富。但无论如何变化，其核心依据都离不开"互联网""众人""小额"这三个属性。

三、融资方式

资金是企业的血脉，充足的资金能使企业有效地运转。如果说融资途径是创业资金的来路，那么融资方式则是创业者获得资金的具体形式和工具。融资方式体现了资本的属性和期限，而属性则指资本的股权或债权性质。因此，从这个角度来看，企业筹措资金的方式通常分为权益资本筹措和债权资本筹措两种。

（一）权益资本筹措

权益资本又叫权益性资本，它是指投资者所投入的资本金。资本金合计包括企业各种投资主体注册的资本金的全部。通俗一点来讲，权益资本是股东对企业的个人投资。权益资本不像银行贷款那样需要支付利息，从而减少了企业的日后开支；从长远利益角度看，创业者需要让出部分股权将其转移给外部投资人。

权益资本筹措包括吸收直接投资、发行股票和留存收益三种。吸收直接投资是指企业直接吸收国家、法人、个人和外商等资金的一种筹资方式；发行股票是股份公司向出贷人发行用以证明出资人的股本身份和权利的一种有效凭证；留存收益，顾名思义是企业存留在内部的盈利，根据《中华人民共和国公司法》和《企业会计制度》，留存收益都来源于企业在生产经营活动中所实现的净利润，包括企业按照国家法律的规定提取盈余公积金以及利润或股利分配后的剩余部分。

（二）债权资本筹措

债权融资是指企业通过借钱的方式进行融资。借款有一定的期限，企业要向债权人偿还本息。这种融资形式主要包括银行信贷、债券融资、商业信用和融资租赁。银行信贷是债权融资的主要形式，是在一定的条件下取得银行发放的资金并且按期偿还本金的融资方式。债券融资则是企业向债权人支付利息、偿还本金以筹集资金的一种融资方式。商业信用是企业在正常的经营活动和商品交易中由于延期付款或预收账款所形成的企业常见的信贷关系。融资租赁是指出租人出资购买租赁物件，并租给企业使用，企业分期向出租人支付租金。通过融资租赁，新创企业获得出资人提供的机器设备，避免了大规模的一次性投资，缓解了设备改造所产生的资金周转压力。

▸▸ 知识链接

股权融资与债权融资的区别

1. 权利不同。债券持有人与发行人之间是债权债务关系，债券持有者只能按期获取利息及到期收回本金，无权参与公司的经营决策。股东则可以通过参加股东大会选举董事，对公司重大事项进行审议与表决，行使经营决策权和监督权。

2. 发行目的及主体不同。发行债券是公司追加资金的需要，它属于公司的负债，不是资本金，而且发行债券的经济主体很多，如中央政府、地方政府、金融机构、公司企业等。发行股票则是股份公司创立和增加资本的需要，筹措的资金被列入公司资本，发行主体只有股份有限公司。

3. 期限不同。债券一般有规定的偿还期，期满时债务人必须按时归还本金，是一种有期证券。股票通常是无须偿还的，一旦入股，股票持有者便不能从股份公司抽回本金，是一种无期证券。但是，股票持有者可以通过市场转让收回投资资金。

4. 收益不同。债券通常有规定的票面利率，可获得固定的利息。股票的股息红利不固定，一般视公司经营情况而定。

5. 风险不同。股票风险较大，债券风险相对较小。这是因为：第一，债券利息是公司的固定支出，属于费用范围；股票的股息红利是公司利润的一部分，公司只有营利才能支付，且支付顺序在债券利息支付和纳税之后。第二，倘若公司破产，清理资产有余额偿还时，债券偿付在前，股票偿付在后。第三，在二级市场上，债券因其利率固定、期限固定，市场价格也较稳定；股票无固定期限和利率，市场价格波动频繁，涨跌幅度较大。

四、融资估算

企业经营过程中，不同阶段都会涉及融资问题。因此，创业者应根据初创企业在不同发展阶段的资本需求特征，结合创业计划和企业发展战略，做好融资方案策划，合理确定融资规模、资本需求数量、资金用途等。

（一）确定融资规模

只有确定了资金的需求量，才能更好地选择融资渠道，从而降低融资成本；同时，还可以防止融资量过高或过低，融资过多则会影响到资金的使用效率，融资过少则使融资作用难以发挥。在实际操作中，企业通常可以通过经验法和财务分析法两种方法来确定融资规模。

经验法即根据企业自身规模的大小、所处的发展阶段以及企业实力状况，先考虑企业自有资金，再考虑外部融资，最后结合不同融资方式的特点和优势来确定融资规模。财务分析法则是根据企业的财务报表来判断企业的财务状况与经营管理状况，进而合理地确定企业的融资规模。

（二）确定资金用途

不同用途的资金决定着企业应该筹集什么期限的资金，是长期还是短期。企业融资可能是为了日常的经营投入，也可能是为了增加固定资产。投资固定资产融资额大且融资期限长，而日常运营资金则周转比较快，企业能尽快还款。

（三）估算启动资金

创业计划再详备，创业项目再有价值，没有启动资金都是纸上谈兵。为了保证企业在启动阶段业务运转顺利，在业务经营达到收支平衡之前，创业者需要准备足够的资金以备支付各种费用，这些费用叫启动资金。初创企业前期投入大，往往在几个月后才见盈利。因此，专家建议新企业在启动阶段至少要备足 6 个月的各种预期费用。创业者最好对所有可能发生的意外情况有所准备，并测算其总费用，做好启动资金估算。创业企业启动资金表如表 5-2 所示。将表中的各项费用加在一起，即是创业前后所需要准备的启动资金。而为了在遇到意外和不测时能从容应对，必须准备比上述资金预算更为宽裕的资金。

表 5-2　创业企业启动资金表

启动资金	包含内容	明细
固定资产投资	场地和建设	
	设备	机器、工具、车辆、办公家具宣传等
流动资金	购买并储存原材料和成品	原材料和商品库存
	促销	广告、上门推销、活动宣传等
	员工工资	创业者自身的工资、其他员工的工资
	保险费用	社会保险和商业保险等
	其他费用	电费、水费、交通费、办公用品费等
合法程序	开办费	办公费、验资费、装潢费、注册费、培训费、技术转让费(买专利)、营业执照费、加盟费等

（四）估算融资成本

融资成本是企业为筹集和使用资金而付出的代价，包括融资费用和资金使用费用。融资费用是企业在融资过程中发生的各种费用，如发行股票、债券支付印刷费、发行手续费、律师费、资信评估费、公证费、担保费、广告费等；资金使用费是指企业因使用资金而向其提供者支付的报酬，如股票融资向股东支付股息、银行贷款支付的利息、租赁融资涉及的租金等。上述融资成本都是能在财务上反映出来的显性成本。其实，企业在融资过程中，泄露机密信息可能会造成损失，由此产生的是风险成本。由于其难以衡量，因此被称为融资过程中的隐性成本。表5-3对不同融资渠道的融资成本进行了比较。

表5-3　不同融资渠道融资成本的比较

融资渠道	融资费用（资金的可获得性）	风险成本
自有资金	受制于现有财务状况	无
民间借贷	较易获得	较低
银行借贷	要求提供有效的担保与足够的抵押，并需要报送一系列有关借款人与担保人的材料，中小企业获得此类资金有一定的难度	较高
资本市场	严格的上市条件，较高的发行费用将大多数中小企业拒之门外	高

从表5-3中我们可以看出，企业依靠自有资金来满足企业的资金需求时，融资成本是最低的。如果自有资金无法满足经营需要时，就需要进行外部融资。不同企业承受融资成本的能力是不同的，但过高的融资成本对任何一家创业企业来说都是一个巨大的负担，而且会抵消企业的成长效应，因此创业融资决策应结合企业自身的盈利水平、发展战略及外部金融供给情况进行综合考虑，从而寻求一个较低的资金成本的融资策略。

当然除了上述成本，还有机会成本。机会成本也是隐性成本。机会成本是指把某种资源用于某种特定用途而放弃其他各种用途中的最高收益。如企业在使用自有资金时不存在对外支付本息的问题，尽管在使用后企业也获得了相应的收益。客观来讲，企业在进行融资决策时，也应将机会成本纳入考虑范围。有时候还需要考虑沉没成本。沉没成本是指已经失去的收益或者付出的代价，不论采取什么方式和方法，均不能挽回的损失。沉没成本与机会成本的不同在于它属于非相关成本，有时是间接的，有时是直接的。由于沉没成本很多时候是在事后发生的，因此有时无法在决策时将其考虑在内，如果在决策时就把沉没成本考虑在内的话，恐怕会造成商机错失或决策失误。

（五）测算营业收入和利润

作为企业的主要经营成果，营业收入关系企业的正常运转情况和企业竞争力的大小。营业收入测算的方法有很多，可以通过经验丰富的管理人员和销售人员分析市场变化，可以汇集推销员的综合判断，可以由专家组成预测小组根据个人反馈进行汇总之后做出综合预测，也可以对产品的供求和客户的消费取向进行调查，还可以针对影响产品销量的各种相关因素、利用它们与销售量的函数关系进行预测。

营业利润是企业的经营成果。它主要指主营业务利润和其他业务利润扣除期间费用之后的余额。相关计算公式为：

营业利润＝营业收入－营业成本－营业税费－销售费用－管理费用－财务费用－资产减值损失＋公允价值变动净收益＋投资净收益

营业利润率＝（营业利润/营业收入）×100％

其中，营业利润率是企业通过生产经营获得利润的能力，营业利润率越高企业的盈利能力越强。

▸▸ 知识链接

沉没成本的解释

假如你花 7 美元买了一张电影票，又怀疑这个电影是否值 7 美元。看了一会儿，你证实了自己的疑虑；这个影片确实很差。在这种情况下，你是否选择离开这家影院？做这个决定时，你就应当忽略那 7 美元，它就是沉没成本。无论你离开影院与否，这 7 美元都不可能被收回了。由于沉没成本发生的延迟性，许多创业者在决策并进入实施阶段时才发现以前的判断是错误的。这个时候，就不要再去考虑已经无法收回的沉没成本了，撤得越快损失越小。

五、创业融资决策

创业企业融资时要考虑创业企业实际情况，合理制定融资决策。具体决策时主要考虑以下因素：

（一）融资渠道选择

1. 创业企业类型与融资渠道的匹配

从创业融资角度看，创业企业可分为制造业型、商业服务型、高科技型以及社区型等几种类型。各类型的企业因其自身具有的不同特点，其融资渠道的选择也应不同。

（1）制造业型创业企业

制造业型创业企业由于其经营的复杂性，其资金的需求也是比较多样和复杂的，既包括用于购买原材料、半成品和支付工资的流动资金，也包括购买设备和零配件的中长期资金，甚至包括产品营销的各种费用以及卖方信贷。制造业型企业由于其资金需求量大，资金周转相对较慢，经营活动和资金使用涉及面也相对较宽，因此，风险也相应较大，融资难度也要大一些。一般而言，可供选择的融资渠道主要有银行贷款、融资租赁等。

（2）商业服务型创业企业

通常来讲，商业服务型创业企业的资金需求主要是库存商品所需的流动资金和用于促销活动的经营性开支。其资金需求特点是量小、频率高、借款周期短、借款随机性大。其风险相对其他类型中小企业较小。因此，中小型银行贷款或者网络融资应是其最佳选择。

(3)高科技型创业企业

高科技型创业企业的主要特点是高风险、高收益。这类型企业除了可以通过一般创业企业采用的融资渠道融资外，还可采用吸收风险投资公司投资、天使投资、科技型中小企业投资基金等进行融资。其中，风险投资公司的创业基金是有效支持高新技术产业最理想的融资渠道。风险投资公司与其所扶持的企业之间是控股或参股的关系。因此，投资者可以从创业成功企业的股份的升值中较快地回收其创业投资。

(4)社区型创业企业

餐馆、美容美发、水果店、便利超市、家政服务等社区型创业企业具有特殊性，它们具有一定的社会公益性，容易获得各项优惠政策，如税收政策、资金扶持政策等。对于该类型创业企业，首先应考虑争取获得政府的扶持资金。

2. 创业发展阶段与融资渠道的匹配

创业融资需求也具有阶段性特征，处于不同发展阶段的创业企业具有不同的风险特征和资金需求，同时不同融资渠道所能提供的资金数量以及所产生的风险程度也不同，因而适用的融资渠道也会不同。因此，在进行创业融资时，创业者除了要考虑不同融资渠道的优缺点、融资成本外，还要考虑创业企业所处的发展阶段，将不同阶段的融资需求和融资渠道进行匹配，从而提高融资效率，使企业能够获得所需创业资金。

(1)种子期融资渠道选择

在种子期，企业规模较小，同时具有高度的不确定性，创业者所需资金主要用于对创意的实践或技术的商业化应用，而企业较少有销售收入和盈利，风险程度高，风险承担能力有限。此时，创业者的自有资金、亲朋好友的借款、国家创业资金的资助可能是种子期采用较多的融资渠道。除此之外，天使投资者也常为处于起步阶段的企业提供资金。一些富有创意或特殊技术的项目很可能会受到天使投资者的青睐，因此，测算企业不同阶段的资金需求量，撰写好商业计划书，争取获得天使投资，也是创业企业这阶段所采用的融资渠道之一。

(2)启动期融资渠道选择

在启动期，企业处于开拓阶段，其主要任务是进行科技成果的转化，使技术或创意变成商业化商品或服务，因此，资金需求量大而急迫。此时，由于企业成立时间短，业务记录有限，投资机构评估比较困难，因此，依靠传统投资机构和金融机构对其提供资金难度很大。担保机构、风险投资机构是创业企业这一阶段的重要选择。创业企业可以进一步修改商业计划书使其不断完善，从而吸引包括天使投资在内的风险投资。

(3)成长期融资渠道选择

在成长期，企业已具备一定的规模，销售量迅速增长，然而企业仍希望不断增强自身的创新能力，从而获得更多的市场份额，因此，这一阶段仍需要大量的资金投入。由于此阶段企业已有一定的商誉和资本积累，风险降低，因此可以获得外界认可。这一时期的融资渠道相对比较通畅，根据企业的具体情况可以考虑吸引风险投资，也可以选择银行贷款。

（4）成熟期融资渠道选择

进入成熟期，企业步入稳步发展的轨道，经营稳定，面临风险显著降低，获得外界的普遍认可，这一阶段的资金需求量相对稳定，因此，可以综合运用各种外界融资渠道。债券、股票等资本市场可以为企业提供丰富的资金来源。整个创业企业发展过程中的融资渠道可直观地从图 5-3 中表现出来。

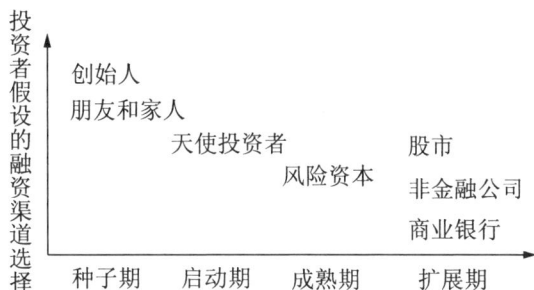

图 5-3　创业企业发展过程中的资金来源

（二）融资方式选择

资金按其使用期限可分为短期融资和长期融资。股权融资筹措的资金具有长期性和永久性。长期用途的融资适宜股权融资方式，而短期用途的融资最好采用债务融资方式，以免企业创始人的股权被过度稀释。

创业者一般极少采用单独进行股权融资或单独进行债务融资的方式，在绝大多数情况下，都是将债务融资和股权融资两者结合起来进行。例如，为了解决流动资金不足问题，创业企业可以选择银行借款等短期融资方式；为了进行研发活动和扩大固定资产规模等，则可以选择期限较长的融资工具，如银行长期贷款或者股权融资。针对新创企业经常采用的债务融资而言，短期借贷通常是营运资金所要求的，并由销售收入或其他收入来偿还；长期借贷主要用于购买产权或设备，并以购买的资产作为抵押品。

因此，新创企业在融资过程中可以实施融资组合化，合理、有效的融资组合不但能够分散、转移风险，而且能够降低企业的融资成本和债务负担。另外，创业者要经常分析宏观经济形势、货币及财政政策等情况，及时了解国内外利率、汇率等金融市场情况，预测影响融资的各种因素，以便寻求合适的融资机会，做出正确的融资决策。

因此，在融资过程中创业者一定要了解基本的融资知识与技巧，选择适合自己的融资策略。无论哪种创业类型的企业，快速、高效地筹集到资金，是创业成功至关重要的因素。

第三节　创业资源管理

一、创业资源概述

企业的创业资源主要包括资金、时间、人才、客户（市场）等方面，而其管理主要包括这些资源的分配和组织。

（一）资金管理

一般而言，创新的新业务由旧业务的收入来支撑，在这种资金获取办法下，由于新业务本身不但没有收益，反而必须投入大量的资金而导致新业务招损，因此，可能打击旧业务员工的积极性，对企业发展不利，特别是当企业从专业化向多元化转变时更是如此。解决该问题的办法包括对新项目使用种子支助资金、采取内部风险投资的方式、其他有偿使用资金等。

（二）人才分配

企业创业的另一个问题是人才分配。当项目处于种子阶段时，企业主要由少数几个人在运作和管理，一旦进入了孵育发展阶段就必须有得力的人才来进行规划管理，因此，这里也存在一个新旧项目争夺人才的问题。为了使新旧项目的发展不受人才问题的影响，企业必须注意在发展过程中培养新的人才，稀释各部门的人才密度，给人才加压力。

（三）工作时间分配

企业创业相对首次创业来说，一个大问题是创业者的工作时间和精力难有保障。一般来说，企业内部的创业者既要完成当前的工作，又要进行开发工作，常顾此失彼。为了保障员工有充足的时间来孵化创新性的想法，组织应该从制度上给他们以保证，同时调整他们的工作负担，避免对员工各方面施加过多的时间压力，允许他们长时间解决创新问题。

（四）营销资源管理

企业创业的营销资源管理主要是指营销资源要配合新市场的开拓。企业创业是一种以市场为导向的活动，市场对新产品的接受程度直接关系到创业成败。开始时，新产品在市场中几乎不为人所知，因此，企业必须集中销售资源，致力于新产品的市场开拓。这里就存在新旧项目营销资源竞争的问题。为了解决这个问题，企业必须加大营销投入。

二、整合资源的能力最重要

大量例证表明，创业之初企业家可支配的资源几乎是微不足道的，在企业家把企业做到一定规模之后，其初创资本可以忽略不计。这一规律不仅在知识经济时代，即使是资源经济时代也是如此。

根据熊彼特的观点，"创业者的功能就是实现新组合"。可以说，创业成功并不需要拥有所有资源，整合资源的能力远胜于拥有所有创业资源。实际上，所有成功创业者在新创企业成长的各个阶段，都会做到用尽可能少的资源推进企业往前发展。同时，对他们而言，资源的所有权并不是关键，关键是对其他人的资源的控制、影响程度。这种态度的好处在于：它能够减少创业者创业所需的资本量；在选择经营企业还是放弃企业时处于更有利的地位；以放弃资源所有权为代价而提高灵活性；降低沉没成本、固定成本，并以丰富的利润抵消变动成本的上升，进而大大降低创业者把握商机的风险。

▸▸ 知识链接

整合资源开展婚庆业务

东华理工学院 2003 级电子计算机专业在校大学生库某经过充分的市场调查，得出"开拓西式婚礼市场必定会有丰厚回报"的结论，决定进军这一领域。2006 年 10 月 28 日，他注册了婚庆公司，并于 11 月 2 日在互联网上开设婚庆网站。但是，库某没有采购西式婚庆所需的教堂、婚庆用品，也没有业务推广和报纸电视广告的经费，他是如何解决这一问题的呢？答案就是整合他人的资源。

首先是场地问题——教堂。库某以详细的计划书使教堂负责人相信婚庆公司很有前景，于是双方成功签订了 3 年的合作协议。对于婚庆用品，库某经过 2 个月的奔波，和一家大酒店以及几家婚庆用品店达成协议，租用他们的婚庆用品。它们成了婚庆公司的长期合作伙伴。至于广告，库某则想办法吸引媒体眼球，让它们主动报道。库某在学校就业指导课上的模拟招聘会中得到启发，做了一个模拟婚庆。2006 年 11 月 2 日，库某的公司和婚纱摄影店在最繁华的街道上举行了一场模拟婚庆，吸引了抚州市的许多媒体，当天的报纸用了相当的篇幅报道婚庆。模拟婚庆的录像上传到婚庆公司的网页上，全国的朋友都能看到。自此，公司的婚庆业务便红火起来。

三、大学生应充分利用高校创业资源

高校大学生创业经常存在信息不对称的问题，有不少身边的创业资源还没有被大学生知晓、了解，更谈不上加以运用了。其实，目前高校系统聚集了大量可以帮助大学生创业的资源。有创业意愿的大学生应该留意这些身边的资源，加以充分利用，不但能更好地提高自己创业判断分析和把握机遇的能力，而且也可能孕育着很好的机会。

（一）高校创业教育与创业指导

首先是各高校几乎都有的创业课程、创业者协会、科技和发明协会以及以实践创业为主题的学生社团、沙龙论坛和讲座等。在这些团队里有规章制度制度，有固定的活动时间，大学生可以与志同道合的朋友交谈，甚至可能会有向成功企业家请教的机会。记学分的创业创新课题不仅由学校的老师来讲，也邀请校外企业家授课，采取大班讲座、小班操练、案例剖析、创业比赛、专家辅导实战模拟等系列创新的教育方法和手段，帮助同学们对创业要素、创业过程以及创业者所涉及的问题有更加透彻、全面的了解。

有的大学还组织来自企业、高校科研单位和政府职能部门的专家成立大学生创业导师团，通过创业讲座、政策咨询、业务指导等方式，为学生创业团队现身说法、答疑解惑，提供项目论证、业务咨询和决策参考等服务，甚至发掘有潜力的创业项目进行跟踪辅导。

有些地方的团委和青联会还梳理编制了《青年创业服务指南》、搭建了信息咨询平台，通过制作和发布专业创业服务网页等方式，引导青年人积极创业。

（二）创业基金

为鼓励创业，我国政府出台了系列支持计划，各地也先后出台了有关计划或者设置相应的基金，为大学生创业提供支持。如上海市于 2006 年 8 月成立上海市大学生科技创业基金会。创业基金会以培育创业环境、播撒创业种子、激发创业力量为使命，联合社会各界开展创业倡导、创业教育、创业资助等业务，迄今已覆盖复旦、交大、同济、闵行等本市 24 个高校及行政区，形成了全方位支持创业实践、培养创业人才、传播创业文化的工作网络。截至 2021 年 3 月底，该基金会累计受理创业项目申请11376 个，资助项目 3271 个，带动就业超过 3 万人。越来越多的有梦想、有激情、有准备、有能力的青年创业者在天使基金的陪伴下起航、成长，优秀创业企业不断涌现。

▶ 思考与练习

1. 资源不足会使创业团队成功的概率降低，但要有完全充分的资源也是不可能的。一般来说，资源具备要符合两方面：一方面是要有进入一个行业的起码的资源，另一方面是具备差异性资源。如果以上条件均不具备，创业成功的可能性很小。

你认为差异性资源是什么？可以举两个例子来说明。

2. 创业活动越来越依赖于团队。初创团队如何有效地创业学习，并整合利用成员间不同的知识和经验？

3. 列举一个通过众筹获得资金和销售渠道的创业项目，并分享一下获得的启发。

第六章　创业计划及新企业的开办

第一节　创业计划

一、创业计划的作用、基本内容和基本结构

创业计划书是创业者制订的创办企业的规划与计划。一份好的创业计划书，可以收到事半功倍的效果，可以成为创业企业在各方面获得成功的通行证，也是创业者创业成功必备的要素之一。

（一）创业计划书的作用——聚财与整合

创业计划书是一种商业文件，具有明显的商业价值。这种商业价值是从多方面表现出来的，寻求风险投资只是其中一个方面，除此之外还有以下几个作用：

1. 指导作用

创业计划书是创业全过程的纲领性文件，是创业实践的战略设计和现实指导。因此，创业计划书对于创业实践具有非常重要的指导作用。

2. 吸引作用

创业计划书的吸引作用是很宽泛的，主要表现在：吸引创业人才进入；吸引新股东加盟；吸引对创业计划感兴趣的单位赞助和支持。

3. 整合作用

创业计划书的整合作用是最根本、最重要的作用。在创业过程中，各种生产要素是分散的，信息是凌乱的。编写创业计划书，梳理思路，进行调研，完善信息，找到各种程序之间的衔接点，最终把各种资源有序地整合起来、调动起来，围绕创造和形成商业利润，进行最佳要素的组合。这种整合，能把各种分散的资源聚拢起来，形成一种增量资源，得到明显的经济效益。

4. 争取创业资金支持的作用

资金是企业的血液，是创业的要素，是创业企业能够获得快速发展和崛起的前提。创业企业要获得风险投资的支持，其中一个重要的途径就是从撰写创业计划书开始。因此，写好创业计划书具有获得风险投资支持的不可替代的作用。

（二）创业计划书的基本内容与结构

创业计划书通常没有固定的格式，但一些重要的模块是必不可少的：创业者的创业目的、对创业企业和环境的描述、创业团队的组成、创业项目的风险和回报分析等。创业计划书可以为潜在的投资者描绘一个完整创业企业的蓝图，并帮助创业者进一步深化对创业企业经营的思考。

创业计划的格式与内容主要包括以下几个方面：

1. 标题页

含有一个合适标题页的创业计划往往会给人留下良好的第一印象，显示出创业者对计划的重视。

2. 目录

计划的目的是征求公司所有者的建议，并寻求资金支持。创业者把计划含有的若干部分，以目录的形式体现易于检索。如果计划需要保密，可在目录的末尾显著位置写明保密声明。

3. 创意纲要

创意纲要是对计划书的高度概括，通常是在创业计划书完成后编写此部分。这部分内容的主要作用是引起投资者或者读者的兴趣。这一部分不需要展开，只要建立一个结构框架，1~2页篇幅就可以了。

4. 执行概要

执行概要的作用是向读者提供公司的概览。执行概要应力求简明扼要，主要说明以下一些内容：企业的表述，说明企业的类型（零售业、批发业、服务性、生产性），介绍企业提供什么样的产品或服务，企业的远景目标；所涉及的主要方面，写出直接参与企业的所有者、主管人或者经理的全名；公司的目的；要做的事情同现存的有哪些不同，为什么会成功；项目所需资金以及预计从何处获取。

5. 业务概览

业务概览的主要目的是说明有关该项目想法的缘由，以便读者判断这个想法的新颖程度；描述所确定的短期、中期和长期目标以及准备实现这些目标的期限；说明将要采取何种所有制结构，是私营公司还是合作公司等形式；介绍企业主要管理人员以及他们的背景，这样会使读者对企业的成功更有信心；说明在研究企业的过程中发现的最关键的因素，因为这些因素是在权衡了企业的长处与短处以及所面临的机遇和挑战之后得出来的。

在业务概览的最后一部分提出影响企业经营发展的关键因素，把这些因素写进计划，就会向人们显示管理者对公司的事务进行了深入的考虑，不但找到了公司事务中有哪些因素是最关键的，而且还制定了处理这些因素的策略。

6. 经营计划

经营计划主要是介绍企业如何经营。不同行业对经营性计划有不同的要求：

(1)零售业。可以说明所选择的供货商、进货控制政策、信贷条件，还可说明为了实现最佳的销售额对销售商店的布局所做的考虑。

(2)服务业。要考虑如何安排各项工作的时间以及出现比预定的业务量更多的情况时将采取的措施。

(3)生产业。可以确定工厂的位置以及生产过程的每个细节。不管公司属于何种行业，都必须说明需要多少人和多少资金来实现哪些日常业务。例如，需要的员工人数、对他们的资格和经历的要求、他们将从事的工作、所需的会计师等。

7. 销售计划

销售计划除了要向读者说明公司存在的原因、将来可能出现的竞争外，还需要提供如下几方面的信息：

(1)确定目标市场，希望参与企业并与企业订立长期合同的客户的详细情况，促销及广告战略，表明本企业将在什么时候采取什么样的措施。

(2)有关现有市场的范围、人数、销售额以及市场性质、形势的详细情况。

(3)对市场的调查与分析结果。

(4)对竞争对手情况的分析，包括有哪些竞争对手、竞争对手经营了多长时间、其市场占有率和产品内容。

(5)说明具备哪些竞争优势——为什么你和你的公司是最好的及如何利用这些优势。

(6)有关获得销售方式的详细情况。

(7)将提供哪些产品和服务。

(8)公司业务的周期性和季节性——这将揭示各种趋势和季节因素对公司业务的影响。

(9)公司的选址、费用情况以及选址的原因，这一条对零售业公司尤为重要。

(10)举例说明价格政策。

(11)未来的市场走势及机遇。

8. 财务计划

财务计划包括以下几个方面：

(1)所需固定资金、固定资产的详细情况。

(2)所需流动资金及计算资金数额的方法。

(3)向公司投入的经费。

(4)其他资金来源。

(5)资金周转预测。

(6)盈亏预测。

创业者应在创业计划中对以上内容做出评价，指出积极的方面，列出资金需求的证据，通过资金周转的情况分析证明自己有能力满足未来借款的偿还要求。此外，创业者还应对企业的经营做收支平衡分析，这样可以证明已经考虑到了可能发生的最坏情况，能做出满足短期资金需求的计划。同本行业的平均水平进行比较，也可提高数据的可信度。在什么时候以何种方式对公司的财务情况进行监测和评价，付出的税金也应在财务计划里做出说明。

9. 法律要求

将国家、地方的有关法规要求以及对许可证、注册和特别资格要求的相关文件的复印件附在计划后面。

10. 附录

计划里除了以上主要内容外，还应有支持上述信息的资料，如管理层简历、销售手册、产品图纸等。其他可作为附录的文件也可以列在后面，如有关经历、技能、简历以及资格证书的复印件，意向书，保险报价，国家、地区有关本行业的政策法规，有关供货商的协议和条件，有关银行或其他渠道出具的贷款证明的信件，调查问卷的复印件以及调查结果。

信息的准确性和计划内容的简洁性是制订企业计划时需考虑的两个重要因素。企业计划的行文应当语言平实，避免使用过多的专业术语。专业杂志、文献、图书和有关机构新闻的发布可以提供本行业的最新情况，使计划更加准确、可信。

二、市场调查的内容和方法

狭义的市场调查主要针对顾客所做的调查，即以购买商品、消费品的个人或工厂为对象，以探讨商品的购买、消费等各种事实、意见及动机。

广义的市场调查除对消费者进行调查外，还对企业的营销环境和营销状况等进行全方位的调查。

综上所述，所谓市场调查是指运用科学的方法，有目的、有计划、系统地收集、整理和分析有关市场营销方面的信息，提出解决问题的建议，供营销管理人员了解营销环境，发现机会和问题，为预测和决策提供依据。

以下主要介绍几种常见的市场调查的方法：

（一）询问法

询问法是将所要调查的事项以当面、书面或电话的方式，向被调查者提出询问，以获得所需要的资料，它是市场调查中最常见的一种方法。询问法通常事先设计好询问程序及调查表或问卷，以便有步骤地提问。

1. 面谈调查法

面谈调查法是针对所拟的调查事项，派出访问人员直接向被调查对象当面询问以获取所需资料的一种最常见的调查方式。这种方式具有回答率高、能深入了解情况、可以直接观察被调查者的反应等优点，能得到更为真实、具体、深入的资料，但是也存在调查的成本高、资料受调查者的主观偏见的影响大等缺点。

2. 电话调查法

电话调查法是通过电话和被调查者进行交谈以收集资料的方法。这种方法的优点是收集资料快、成本低、电话簿有利于分类。其主要缺点是只限于简单的问题，难以深入交谈；被调查人的年龄、收入、身份、家庭情况等不便询问。

3. 网络调查法

网络调查法是当前互联网技术高度发展的情况下，通过互联网工具沟通交流及搜集网民意见的方法。这种方法通过在网络上发布调研信息，并在互联网上收集、记录、整理、分析和公布网民反馈信息。网络调查组织简单、成本低、客观性强、不受时间与地域限制、效率高，但是其局限性也很明确，如样本缺乏代表性、回答率低、不宜用于开放性问题的调查，准确性和网络安全性也不容忽视。

（二）焦点小组访谈法

焦点小组访谈法源于精神病医生所用的群体疗法。目前的焦点小组一般由8～12人组成，在一名主持人的引导下对某一主题或观念进行深入讨论。焦点小组调研的目的在于了解和理解人们心中的想法及其原因。调研的关键是使参与者对主题进行充分和详尽的讨论。调研的意义在于调查者了解参与者对一种产品、观念、想法或组织的看法，了解所调研的事物与他们的生活的契合程度和在感情上的融合程度。

焦点小组访谈法远不止是一问一答式的面谈。它们之间的区别也是"群体动力"和"群体访谈"之间的区别。群体动力所提供的互动作用是焦点小组访谈法成功的关键，正是因为互动作用才组织一个小组而不是进行个人面谈。使用群体会议的一个关键假设是一个人的反应会成为对其他人的刺激，从而可以观察到受试者的相互作用。这种相互作用会产生比同样数量的人作单独陈诉时所能提供的更多的信息。

▸▸ 知识链接

实施焦点小组访谈法的过程

（一）准备焦点小组访谈

1. 环境

准备一间焦点小组测试室，主要设备应包括话筒、单向镜、室温控制、摄像机。对调研者来说，焦点小组访谈法是一种了解消费者动机的理想方法。

2. 征选参与者

一般是在路上随机地选择一些人或是随机选择一些电话号码。征选时应极力避免在小组中出现重复的或职业性受访者。一个小组一般包括 8 名参与者。参与人数应根据小组的类型而定，经历性的小组比分析性的小组所需的受访者要多。

另外，经调查发现，人们同意参加焦点小组的动机依次是报酬、对话题感兴趣、有空闲时间、焦点小组有意思、受访者对产品知道的很多、好奇、它提供了一个表达的机会。

（二）选择主持人

拥有合格的受访者和一个优秀的主持人是焦点小组访谈法成功的关键因素。焦点小组的主持人必须能恰当地组织一个小组；必须具有良好的商务技巧，以便与委托商的员工进行有效的互动。

（三）编制讨论指南

编制讨论指南一般采用团队协作法。讨论指南要保证按一定顺序逐一讨论所有突出的话题。讨论指南是一份关于小组会中所要涉及的话题概要。主持人编制的讨论指南一般包括三个阶段：第一阶段，建立友好关系、解释小组中的规则，并提出讨论的个体。第二阶段是由主持人激发深入的讨论。第三阶段是总结重要的结论，衡量信任和承诺的限度。

（四）编写焦点小组访谈报告

访谈结束主持人可做一次口头报告。正式的报告开头通常解释调研目的，申明所调查的主要问题，描述小组参与者的个人情况，并说明征选参与者的过程。接着，总结调研发现，并提出建议，通常为 2～3 页的篇幅。如果小组成员的交谈内容经过了精心归类，那么组织报告的主体部分也就很容易了。先列出第一个主题，然后总结对这一主题的重要观点，最后使用小组成员的真实记录（逐字逐句地记录）进一步阐明这些主要观点。

第二节　撰写与展示创业计划

一、研讨创业构想

在开展创业计划撰写之前，创业者需要对创业构想进行思考。首先，明确想干什么。界定创业构想，是深思熟虑的过程，是一个需要思考和时间的过程。只有对创业构想有了本质、全面的理解之后，才能准确地界定自己的事业。其次，要明确怎么干。从所有的资源和自身具备的素质入手，一步一步思考和讨论创业能否进展下去，在这个过程中可能会遇到什么问题以及如何解决这些问题。最后，要明确如何干得更好。

二、分析创业可能遇到的问题和困难

研讨创业构想的过程也是一个分析问题和困难的过程。在创业构想初期，创业者往往更多地思考创业过程的优势或者好的一方面，这与创业者不具备创业实践经验有关。实际上，创业的过程是一个复杂艰辛的过程，在创业的过程中，可能会遇到各种各样的问题和困难，如资金问题、行业问题、团队问题、管理问题、产品问题、销售问题等，创业者要把这些可能会遇到的问题事先理清楚，并尽可能想好对策。

三、凝练创业计划的执行概要

前文已阐述，执行概要主要为了吸引创业战略伙伴或投资者的注意。执行概要应涵盖计划的要点，简明扼要，条理清晰。创业者的创业背景、创业思路、发展目标及竞争优势等内容在这部分都应一一体现，以便投资者能在最短的时间内评审计划并做出判断。

四、把创业构想变成文字方案

创业计划书必须一开始就要吸引人。风险投资家和其他潜在资金提供者富有远见，而且经验丰富。如果想成功，创业计划必须一开始就吸引人，并且一直能吸引他们。创业计划书概要必须能够间接而又睿智地说明企业的价值（即独特资源将创造竞争优势）等问题。具体来说，这一部分既要传达出创业者高涨的创业热情，又要充分说明新企业创意的价值及有效整合开发创意的创业团队。

其次，管理团队及市场机会的价值是两项关键的投资要素。调查表明，风险投资家和天使投资人都相信管理团队及市场机会是两项关键的投资标准。这并不是说产品特征、财务预期等不重要，而是在评审创业计划书的过程中，投资人注重对各要素间的复杂作用关系进行考察。有时候甚至在对产品和技术本身进行评价之前，由于管理团队或市场机会存在明显问题，投资人取消了投资。投资人似乎相信，管理团队、市场机会作为评价指示器，要比产品特征等更容易做出快速评价。

五、创业计划书的撰写和展示技巧

（一）创业计划书的撰写

1. 文字简短精练

创业计划书除了要求对创业计划的目的、过程和结果进行描述外，还要力求简短，尽量避免篇幅过长。由于创业计划书的读者大都是投资家、金融资产管理者和政府、企业的关键人物，他们都不愿意看到一篇主题不突出、篇幅冗长的创业计划书。

2. 结构要有逻辑性

创业计划书中的目录、执行摘要、正文、图表和附录等部分要有连贯性和逻辑性，前后内容要相互呼应，不能相互矛盾。计划书的装订要庄重、大方。

3. 数据正确、可靠

计划书应说明创业企业的趋势，指出创业企业未来将实现的数量指标。例如，投资回收期、投资报酬率和风险的预测和计量，而且这些预测数据的提供要有根据，令人信服，对重大风险应有足够的估计。

4. 提供创业团队取胜的证据

创业团队关键人物的技能和团队成员之间的互补功能对创业企业取胜至关重要。通常，投资者在审查创业计划书时，非常重视创业团队的人员构成。创业计划书中应提供团队关键人物的能力证明资料，比如专利发明、获奖证明、工作技能和主要工作经历等。

5. 确定目标市场

为了说明创业企业产品或者服务的销路，计划书中要明确强调目标市场，充分说明商业机会，避免试图创造多样化的市场或者多种投资，因为一个企业开创初期应首先集中力量开拓明确的目标市场。

6. 项目可行性论证充足

项目可行性论证理由要充足，要对项目的优势与劣势做客观公正的分析。这就要求创业者在进行前面的诸项考查时一定根据实际情况，对创业项目的优势和劣势做出全面详细的调查，取得真实可靠的第一手资料。

7. 制定方案要以时间为轴线，长远考虑

制定具体实施方案时，要以时间为轴线，对每项工作做出具体明确的安排，什么时间做什么事、达到什么要求要尽可能写清楚，努力提高计划的可操作性。制订计划还要高瞻远瞩，不要只顾眼前利益，要把企业引向广阔的发展道路。

8. 使用合适的人称

创业计划书可以由创业团队自己编制，也可以委托咨询公司编制。由于创业者熟悉自己的任务和职责，又非常了解自己产品和服务的特征，在充分考虑投资环境和外部市场等重要因素的情况下，自己编写出来的创业计划书更具有可操作性。如果委托他人编制创业计划书，计划书的编制者要详细了解创业企业的内外部环境，并且要得到创业者的支持。由创业团队亲自参与编写的，这时的计划书中使用的称谓通常是"我""我们"等第一人称。如果计划书是委托咨询公司起草，而且该计划书不是以竞赛形式递交，最好以第三人称角度措辞，使用"他""他们"等人称。无论使用何种称谓，计划书都要避免带有个人化色彩，努力做到内容客观、公正。

（二）创业计划书的展示技巧

1. 创业计划展示的"硬技术"

创业计划的展示目的只有一个，即说服别人接受某一个观点，告诉别人他们不了

解的事。而且，往往很多时候是需要结合创业者或创业团队代表来向投资者进行现场的展示，且经常以 PPT 演示的方式。所以，对纸质版计划书或是电子版的 PPT 页面而言，在呈现方式方面是具有一定的技巧的。

(1)封面/首页。以 PPT 为例，一个好的演示封面页上要有以下几个要素：

第一，演示题目。长度不超过一行的 60%，如果太长，应删减文字或设为两行。

第二，副标题。

第三，演示人姓名。常用的排版方式是全居中，也可以采用与选用的 PPT 模板背景配合的排版方式。

第四，日期。

(2)简介，即演示内容的简要介绍。

(3)演示专题目录。这一点至关重要，目的是给听众一个清晰的脉络，给人留下条理性强的印象。页面排版最好不要超过 6 行，每行长度不要超过页面一行的 80%，保证页面整体的视觉效果清晰。

(4)演示正文页面。字数不要太多，注意给页面留白，并且要按照信息的重要性排好次序，每行字数不要差别太大，正文页面不要使用全居中方式。

(5)目录页插入。根据演示进程插入刚开始时的目录页，标明进程，以免观众忘记脉络。

(6)视觉教具。适当使用视觉辅助手段很重要，但不要太多，以免喧宾夺主。所谓视觉辅助指的不是 Office 软件自带的剪贴画，而是各种图形、图标等。

(7)动画效果与转换动画效果。Office 软件页面动画效果要慎用，除非某个页面有特别强调内容，不要使用页面转换动画效果。

2. 创业计划展示的"软技术"

除了上述提及的"硬技术"外，更为重要的是演示者演示时传递出的理念、激情、态度等"软技术"，其主要有以下几个方面的内容：

(1)要明确演示的目的，语气坚定，态度诚恳，肢体语言恰当，语速要有变化。

(2)切忌照屏幕念稿。演示的内容绝不等于屏幕显示的那些字，演示的全过程中始终要让观众的眼睛盯在演示者身上，而不是屏幕上。这样，观众始终会被演示者引导，使演示效果最好，同时也能加深演示者在观众心中的印象。

(3)观察观众的反应，及时解惑，防止观众注意力流失，并注意与他们的眼神交流。

(4)要有激情。要达到良好的效果，没有积极心态和饱满热情是无法将演示内容充分展现的，更谈不上感染听众了。因此，演示者在演示前应该充分酝酿情绪，将自己的热情展示在演示过程中。

六、路演

（一）路演的含义

路演是指通过现场演示的方法，引起目标人群的关注，让他们产生兴趣，最终达成销售。路演有两种功能，一是宣传，让更多的人知道；二是可以现场销售，增加目标人群的试用机会。

路演，不仅要宣传，还要现场销售（主要是面对消费者的），同时，又增加了一个新的目的，就是要引起目标商家的注意（目标经销商），通过对自己产品的展示和销售方法的展示，促使他们感兴趣，并最终认可。因为此时的路演不仅仅是宣传和销售，更是要达到招到经销商的目的。

（二）路演的主要形式

路演的主要形式是举行推介会，在推介会上，公司向投资者就公司的业绩、产品、发展方向等作详细介绍，充分阐述公司的投资价值，让准投资者们深入了解具体情况，并回答投资者关心的问题。随着网络技术的发展，这种传统的路演同时搬到了互联网上，出现了网上路演，即借助互联网的力量来推广。网上路演现已成为上市公司展示自我的重要平台和推广的重要方式。

（三）路演的五大要素

1. 有一个大愿景

有愿景的企业不一定能赢，但没有愿景的企业一定会输。所以，放大你的企业愿景！

世界上最贫穷的公司并非发不起员工工资的公司，而是没有远见的公司。愿景就是看清楚企业的发展方向，并拥有远大目标。

你需要有一个吸引人的愿景，告诉投资人你想要把你的公司带到哪里，这点非常重要。但不得不说的是，首次创业的人通常想的愿景都比较小，但无论愿景是什么，请把它放大，并且让它变得更加吸引人。

2. 详细解释如何使用投资

路演内容包括以下几个方面：

（1）你是谁——品牌名称，创始人姓名及身份。此处可做简单的自我介绍。

（2）你解决的是什么问题（市场）——直奔痛点，看看你是"帮助解决问题"的产品还是"给制造问题"的产品。一般来说，当然是前者比较靠谱儿。

（3）你是怎么解决这个问题的（产品、逻辑）——你推出了什么样的产品，这个产品是怎样把问题解决掉的？产品是否成熟，整个业务是否能通畅地跑下来，还是遇到了难以跨越的障碍？一般来讲，到了融资这一步，你应该已经解决产品逻辑上所有的障碍了。

（4）为什么是你能解决这个问题（优势分析）——你的核心竞争力在哪儿，为什么别人都没做就你做了，为什么别人都没做成就你做成了，为什么别人以后都会被你超越？

如果你并没有能够显然超越别人的优势，之前空谈市场都是白搭。

（5）你们已经做了什么（里程碑）——主要是为了表示你并不是拿着一个想法就来融资了，以及用已有的运营数据证明你们的这套思路是可行的，流程是可以顺下来的。不经过用户测试的产品不是好产品，更复杂的业务需要的也不只是用户的测试，而要与合作伙伴、上下游都形成对接，并且能自然获取更多用户。这些复杂的内容，真的做到了就比什么设想都强。

（6）团队——豪华版的自我介绍，当然也不是读简历，主要是说明团队没有短板而且各司其职人尽其才，与项目无关的经历就不要多说了。

（7）财务预估，融资信息——你的融资是为了什么？有了融资能在半年或一年内实现什么样的增长？融资到手怎么花？这些就是细节问题了，与产品关系不大，但仍然要合理，以追求更快的成长为目的。

3. 展现竞争力

为什么同样是在台上讲项目，有的人讲完，无法激起半点水花；而有的人却能让大家排队刷卡，主动要求合作。这关键在于你是否能找到招商路演的核心。

招商路演的核心就是优势思维。所谓优势思维，就是找到自己独一无二的优势，并展现给所有观众看。把优势思维运用到招商路演中，只需要做到以下两点：

（1）找到优势

企业在做招商路演时，要清楚地知道，你的招商项目核心优势在哪里？你的企业优势又在哪里？

找到了这两个优势，就要在招商路演中不断强调、放大，让大家都知道你有独一无二的优势能够支撑这个项目落地，需要向大家阐述具体要怎么做才能支撑这个项目落地。简单来说，就是展示自己的关键资源和关键能力。

（2）增强气势

想要把一个招商项目推广好，在路演过程中就要让这个项目成为焦点。如果做不到这点，很难真正吸引和打动经销商。那么如何通过路演让项目成为焦点？方法是增强气势。

假设今天你和员工一起去推销产品，你就需要判断，是你们这边的气势强，还是客户那边的气场强。气势弱的一方影响气势强的一方，是很难的；相反，气势强的一方影响气势弱的一方，却十分容易。如果公司业务员的气势不够强，就必须要增强业务员的气势。企业也是一样的，如果你的公司是一个小公司，就需要举办一场象征性的活动，来增强公司的气势。只有具备这样的思维高度，你才能整合整个行业的资源，成为整个行业的先导。任何一家企业或者任何一场招商路演，要想迅速获得成功，就要懂得增强公司的气势。

（四）团队的力量

团队是路演中最重要的核心点，投资人最后决定是否投资一个项目，有50％以上的分数可能是给了团队。在团队介绍部分，很多企业的路演 PPT 里仅仅贴出了团队成员的履历，实际上它能起到的作用有限。投资人更关心的是你的创始团队成员是怎么来的，他们过去做过什么。

因此，在设计这部分内容时必须要包含以下两部分：

第一，团队成员过去的战绩、个人的性格、特质以及与目前所对应岗位的关系。

第二，是否有完整合理的团队配置。投资人一般会认为一个有着完整合理配置的团队应当包含企业的绝对领导者、技术人才、行业资深专家、销售人才和财务专家。

对一个创始团队而言，团队成员和用户才是根基，也是未来。真正优秀的团队会有统一的标准，不会有太多价值观差异。如果创始人自身不错、找到的人不错、制定的规则也不错，那么投资人必然也会觉得不错。在投融领域，如果一个团队没有说服力，那么融资就没有话语权，也没有议价的筹码。所以创始人要尽量找到在自身行业领域有优势的人，如果团队里有短板，则需要付出几倍的努力去弥补，而投资人一般是不会给你这样的时间的。

（五）解决痛点的能力

企业在经营过程中，一般都会遇到五个问题：为什么有好产品却不赚钱？为什么好项目却招不到商？为什么企业融资异常艰难？为什么企业有盈利的能力却上不了市？为什么企业赚钱却不值钱？这些关系到企业存亡的问题都可以通过路演来解决。

1. 为什么有好产品却不赚钱？

（1）不符合未来的消费趋势。

（2）不符合公司发展的计划。

（3）产品没有特色。

（4）渠道不匹配。

2. 为什么好项目却招不到商？

（1）企业招商之前的准备工作做得不充分。

（2）没有仔细分析能够把控的招商区域。

（3）过于理想化，对能招到的经销商心中没数。

（4）没有站在经销商的角度思考问题。

（5）信息传播没有结合"互联网＋"的手段。

（6）招商模式落后。

3. 为什么企业融资异常艰难？

（1）没有正确的融资逻辑。

（2）没有好的融资计划书。

（3）没找对融资的方向。

4. 为什么企业有盈利的能力却无法上市？

公司符合上市条件但不上市的理由有多个，最主要的理由是上市成本（投行、律所、会计师事务所等中介费用，公司改制的费用和时间成本等）与维持上市的成本（持续的信息披露和监管）。如果公司本身现金流充足并有多方面的融资渠道，且公司不愿对外披露过多公司的运营和财务数据，不上市是一个更明智的选择。

5. 为什么企业赚钱却不值钱？

资本视角内，"赚钱"并非指现金流充足而是"具备想象力"。任何企业都需要赚钱，但在资本眼里，正在赚钱的公司反而不值钱。

资本视角里真正有价值的公司叫"值钱的公司"，值钱的公司不一定赚钱。值钱的公司衡量标准并非现金流，而是数据带来的无限想象力。

第三节　成立新企业

一、企业组织形式选择

创业过程，就是一个组织建立和逐渐成长、壮大的过程。创业第一步，除了资金、资源以及心理上的准备以外，极为重要的一件事就是针对自身情况，选择一个合适的创业组织形式。每种创业组织形式各有其利弊，选择恰当，便可趋利避害；反之，就可能会为组织将来的发展带来巨大的隐患。

一般来说，大学生初创企业多属于小微企业，可以选择的是个人独资企业、个体工商户等形式；需要与他人合作设立企业的话，可以成立合伙企业或有限责任公司。不同形态的企业有不同的成立要件、出资额、承担责任形式等。

二、企业注册流程

创办企业从事经营活动，必须到工商行政管理部门办理登记手续，领取营业执照。如果从事特定行业的经营活动，还需事先得到相关主管部门的批准文件。办理企业注册登记手续一般包括以下步骤：

1. 预先核准企业名称。申办人提供法人和股东的身份证复印件；申办人提供公司名称，写明经营范围、出资比例；工商行政管理部门进行综合审定和注册核准，并向合格者发布盖有工商行政管理部门名称登记专用章的《企业名称预先核准通知书》。

2. 提供材料。申办人提供一个法人代表和全体股东的身份证各一份；相关行政机关如有新规定，有相关部门和申办人按照国家规定相互配合完成。

3. 申领营业执照。工商行政管理部门对企业提交的材料进行审查，确定符合企业登记申请后，经工商局核定，即发工商企业营业执照，并公告企业成立。

4. 备案刻章。在企业办理工商注册登记过程中，需要使用部章，要求通过公安部门备案的刻章机构刻章，如公章、财务章、法人章、合同章等。

5. 办理税务登记。办理税务登记应提供的材料包括营业执照副本及复印件，组织机构代码证书及复印件，银行开户许可证复印件，法人代表、财务负责人身份证明，经营场所租房协议复印件，所租房屋的房产证复印件，固定电话、通信地址。

6. 开设企业基本账户。基本账户是指存款人办理日常转账结算和现金收付而开立的银行结算账户，企业经营活动的日常资金收付以及工资、奖金和现金的支取均可通过该账户办理。企业开立的基本账户的名称应按照营业执照上的单位名称设置，具体可以在企业属地任何一家具有对公业务的银行金融网点开立基本存款账户。

7. 进行社会保险登记。社会保险登记是社会保险费征缴的前提和基础，也是整个社会保险制度得以建立的基础。县级以上劳动保障行政部门的社会保险经办机构主管社会保险登记。缴费单位申请办理社会保险登记时，应填报《社会保险登记表》，并出示相应的证件和材料。

三、企业注册相关文件

1. 公司法定代表人签署的《公司登记（备案）申请书》。

2. 全体股东签署的《指定代表或者共同委托代理人的证明》及指定代表或委托代理人的身份证复印件，应标明指定代表或者共同委托代理人的办理事项、权限、授权期限。

3. 全体股东签署的公司章程。可以在工商局网站下载"公司章程"的样本，并根据情况进行修改使用。章程的最后由所有股东签名，并填写日期。

4. 股东的主体资格证明或者自然人的身份证复印件。

5. 董事、监事、经理的任职文件（股东会决议由股东签署，董事会决议由公司董事签字）及身份证复印件。

6. 法定代表人的任职文件（股东会决议由股东签署，董事会决议由公司董事签字）及身份证复印件。

7. 《企业名称预先核准通知书》。

8. 法律、行政法规和国务院决定规定设立有限责任公司必须报经批准的，提交有关的批准文件或者许可证书复印件。

9. 公司申请登记的经营范围内有法律、行政法规和国务院决定规定必须在登记前报经批准的项目，提交有关的批准文件或者许可证书复印件。

10. 《承诺书》。

11. 住所使用证明。

四、经营企业必须考虑的法律与伦理问题

依据《中华人民共和国公司法》第一条规定：为了规范公司的组织和行为，保护公司、股东和债权人的合法权益，维护社会经济秩序，促进社会主义市场经济的发展，

制定本法。在中国境内设立的有限责任公司和股份有限公司，从事经营活动，必须遵守法律、行政法规，遵守社会公德、商业道德，诚实守信，接受政府和社会公众的监督，承担社会责任。公司的合法权益受法律保护，不受侵犯。

注册和经营企业，必须严格遵守国家相关法律法规，严格依据法律法规的要求和细则，在法律准许的范围内开展企业行为和经营业务。对于任何一家企业来讲，这是一条外在的、明确的、不可逾越地基本准则。与此同时，在经济价值之外，人们越来越重视企业的内涵与社会价值，也就是企业的经营、业务是否符合伦理道德要求，是否履行了充分的社会责任。

企业的社会责任是企业在追求经济利益的同时，还需要对社会承担的相应责任和义务以及维护并提升全社会的福利水准。组织中的伦理行为，通俗点讲就是职业道德问题。

伦理道德是企业的核心价值构件，而伦理道德的外在表现就是企业所承担的社会责任。传统的经济学观点认为：为股东实现组织利益的最大化是企业的天职，否则就不成其为企业，增进和保护社会福利是政府和非营利组织的责任。而现代社会经济学的共识则是：企业不只是对股东负责的独立实体，它们还要对社会负责，企业不只是创造利润，还应包括保护和增进社会福利。企业的目标从最初期的股东利润最大化发展到企业整体利润最大化，再到兼顾员工利益，进而发展到追求企业相关利益者价值最大化，最终还要同时保护和增进社会福利。企业追求的目标在不断扩展。

总之，企业的经营管理需要依法进行，同时又要积极地探索、履行社会责任，才能更加规范、更有效益，也更有利于对自身权益的保护。

五、企业选址的策略和技巧

企业需要有经营场所，企业的选址与未来经营发展有很大关系。无论是生产型企业还是经营性企业，企业地址的选择往往是创业成功的关键。好的选址等于创业成功的一半。

（一）企业选址的主要影响因素

选址需要综合考虑多方面因素，既包括定量的成本因素，又包括定性的区位条件因素。所以需要采取综合评价方法来对企业选址问题进行评价。

生产型企业选址一般需要综合考虑以下几方面因素：

1. 成本因素

成本是企业选址考虑的最重要因素，选址成本既包括固定成本，又包括变动成本。固定成本，就是维持企业可以正常运作而必须开支的成本，如制造业企业的厂房和机器设备的折旧。所以，由于企业选址位置不同，固定成本也会有地区性的差异。企业经营的变动成本主要包括原材料、燃料、动力等生产要素的价值，由于在不同的地区和位置，其原材料、燃料以及动力价格会有所不同，所以变动成本也是企业选址所要考虑的重要因素。

2. 区位条件因素

区位条件涵盖地区的运输便利程度、劳动力资源、地方政策以及生活条件等诸多因素。对于制造业企业而言，产品和原料的运输成本在总成本中占有较大的比重。交通条件的好坏、运输距离的远近、运输环节的多少、运输手段及运输时间的不同，均对交通运输成本构成直接影响。因此，合理选址可以使运输成本最低，服务最好。

3. 劳动力因素

劳动力成本是企业经营成本中最重要的一环。选择劳动力丰富并且价格低廉的地区，将有利于降低生产经营成本。而对于科技含量较高的企业而言，高素质的人力资源就是他们最大的需求，因此，企业选址时劳动力的供应状况是一个重要的条件。

对于经营性企业来说，影响选址的因素也很多，其中值得注意的因素主要有市场因素、商圈因素、政策因素、价格因素等。

1. 市场因素。可从顾客和竞争对手两个角度考虑。从顾客角度看，由于店铺的客流量和客流的购买力决定着企业的业务量。因此，要考虑经营地点是否接近顾客，并且周围的顾客是否有足够的购买力。从竞争对手角度看，经营地点的选择有两种不同的思路：一种思路是选择同行聚集的地方，同行扎堆有利于聚集和提升人气，比如服饰一条街、建材市场、家电市场、小商品市场等；另一种思路则是"别人淘金我卖水"，别人都蜂拥到某地去淘金，成功者固然腰缠万贯，失败者也要维持生存。

2. 商圈因素。选址时需要对特定商圈进行分析，如车站附近是往来旅客集中的地区，适合经营餐饮、食品、生活用品；商业区是居民购物、聊天、休闲的理想场所，除了适宜开设大型综合商场外，特色鲜明的专卖店也很有市场；影剧院、名胜景点附近适合经营餐饮、食品、娱乐、生活用品等；在居民区，凡能给家庭生活提供独特服务的生意都能获得较好发展；在市郊地段，不妨考虑向驾车者提供生活、休息、娱乐和维修车辆等服务。

3. 政策因素。政策因素指的是经营业务最好能得到当地社区和政府的支持，至少不能与当地的政策相违背。对于创业者来说，尤其要做好实地考察，详细了解当地政府的政策情况。

4. 价格因素。创业者在购买商铺或租赁商铺时，要充分考虑价格因素，包括资金、业务性质、创业成功或失败后的安排、物业市场的供求情况、利率趋势等，以免做出错误决定，对企业的经营造成不良影响。

（二）企业选址的基本步骤

1. 明确目标。根据企业类型大体规划选择区域目标。

2. 收集有关数据，分析各种影响因素，对各因素进行主次排列，权衡取舍，拟定初步的候选方案。

3. 对初步候选方案进行详细的分析。

4. 进行上述分析之后，将会得出各个方案的优劣程度的结论，或找到一个明显优于其他方案的方案。

第四节　新企业生存管理

根据生命周期理论，企业注册成立后，一般遵循创立初期、发展期、成熟期、衰退期四个阶段的顺序发展。人们通常把处于创立初期和发展期的企业界定为新企业，在这两个阶段，新企业能否生存和健康成长至关重要，这既关系到创业的成败，又关系到企业今后能否持续发展。

一、新企业管理的特殊性

（一）新企业具有高成长性和高风险性

新企业区别于成熟企业的重要特点就是成熟企业已经进入常规发展阶段；而新企业则处于超常规发展阶段，极具成长潜力。新企业通常经营机制灵活，同时在产品、技术或业务的某些方面具有一定的独特性和领先性，对区域市场和细分行业的竞争能够保持良好适应和应对，因而成长性较好。但与高成长性相对应的是，新企业的成长具有很大的不确定性和高风险性。由于技术环境的变化、商业模式的变革、竞争对手的打压、内部管理的瓶颈等，新企业的业绩波动也高于成熟企业，呈现出"易变""不稳定""高死亡率""充满风险"等特点。

（二）新企业管理是以生存为首要目标的"生存管理"

新企业在创立初期的首要任务是在市场竞争中生存下来，让消费者认识和接受自己的产品或服务。在这个阶段，生存是第一位的，一切都要围绕生存而运作，应避免一切危及生存的做法。新企业要尽快找到客户，把产品或服务卖出去，掘到第一桶金，只有这样新企业才能在市场中找到立足点，才有生存的基础。这一时期，重要的不是在于想什么，而在于做什么，一切以结果为导向。企业里的大多数人，甚至包括创业者在内，都要设法销售产品，这就是所谓的"行动起来"。

（三）新企业管理具有较强的灵活性和创新性

活力是创新之源，是企业快速发展的核心动力。与大企业相比，新企业的突出优势在于高层管理者更贴近客户，更容易感受到市场发生的变化，能够比大企业做出更迅速的反应，能够用小企业的反应速度来抗击大企业的规模经济。如果新企业机制灵活，那么就会以目标为导向，淡化分工，强化协作，老板与员工形成一体，这时公司会充满活力。与此同时，新企业管理通常也需要有较强的创新性。因为新企业会面临许多新问题，这些问题很多是管理者以前没有遇到过的，在书本和前人的经验中也找不到答案，只有敢于创新、善于创新，才能有效地解决这些问题。

二、新企业成长的驱动因素

企业度过以生存为主要特征的初创期后，就进入了以快速成长为主要特征的发展期，也叫成长期。对于进入发展期的企业，其成长性并不相同，有的企业成长较快，有的企业成长较慢，甚至不少企业会遇挫夭折。但一般而言，随着产品或服务逐步被市场认可，销售收入不断增加，企业规模不断扩张，成功穿越初创期"死亡陷阱"的新企业会表现出强烈的成长动力。归纳起来，新企业成长的主要驱动力量可以概括为企业家的成长欲望、市场扩张、组织资源的增加以及创新与变革四个方面。

（一）企业家的成长欲望

企业家的成长欲望是新企业实现快速成长的最关键因素。具有企业家精神的创业者成长欲望强烈，工作充满热情，拥有勇于向环境挑战、识别并开发商业机会的能力。正是这些能力使得他能够把经济资源从生产率较低的领域转移到生产率较高的领域。具有企业家精神的创业者往往目光远大，在产品投入市场并赢得一定利润后，不会以达到个人满意的生活水平和享受利润所带来的好处为目标，而是将利润进行再投资，期望将自己的企业塑造为一个可以向行业内的标杆看齐的高速成长企业，期望在市场上创造一个为消费者所认同的著名品牌。创业者的企业家精神和成长欲望给新企业的成长注入最根本的驱动力，使其在实现企业目标时更加坚决、乐观并持之以恒。这不仅极大地激发了员工的工作热情，而且使其他企业认为不可能实现的事情在其企业里得以实现。

（二）市场扩张

如果新企业的产品或服务具有较好的市场竞争力，良好的市场反馈会使创业者确信自己的事业是有生命力的，会极大地强化创业者的企业家精神。在区域市场取得初步成功后，创业者有很大的动力去加快市场扩张，从而推动新企业的快速成长。这里指的市场扩张包括两个方面：一是指在现有的区域市场，由于更多的消费者接受新企业的产品或服务，导致本地市场的扩张；二是指创业者采取批发、代理、特许经营、建立直营分支机构、直销、电子商务等形式，将新产品或服务分销到更广阔的市场区域，进行异地扩张。

（三）组织资源的增加

在一定程度上，企业成长欲望的实现取决于其所控制和能够利用的组织资源。这里，组织资源被广义地定义为人力资源、财务资源、无形资产、厂房设备、技术能力、销售网络、组织结构、管理能力等。度过初创期后，新企业拥有的组织资源不论在数量上还是质量上都会有明显的增加，而且创业者对资源的获取、整合和利用能力也有明显的提升。这就为新企业下一步的成长奠定了必要基础。例如，在财务资源方面，企业累计的利润和现金流能够在一定程度上支持成长所需的资金；银行可能看好企业的发展前景，愿意提供一定额度的商业贷款；具有高成长欲望的创业者可能愿意通过出售部分股权的方式筹集更多的发展资金。又如，随着创业团队对企业的经营活动越来越熟悉，管理能力不断提高，其可以在不降低现有工作质量的前提下节约出管理资源以支持企业成长。

（四）创新与变革

新企业的成长具有明显的创业特征，需要创业者具备持之以恒的创新精神。创业者擅长识别和追求机会的能力使新企业具有创新的优势，创新使企业能够赢得快速成长的机会。与此同时，新企业在成长过程中会面临各种挫折和挑战，具有企业家精神的创业者会不惧挑战，审时度势，大胆变革，并以此为契机将企业推向一个新的发展阶段。哈佛大学教授拉里·格雷纳认为，企业成长的每个阶段都由前期演进和后期的危机与变革部分组成，这些危机与变革加速了企业向下一个阶段跃进。企业成长的每一个阶段都有其独特的管理方式，推动现阶段成长的动力往往会成为下一阶段进一步成长的障碍。因此，能否通过变革与创新突破这种障碍是企业能否进入下一个成长阶段的关键。

三、新企业成长管理的技巧和策略

企业能否实现良好发展，关键就在于企业的战略选择是否科学和合理。如果企业战略选择失误，那么企业的整个发展就必然会满盘皆输。

（一）企业战略是什么

企业战略是指企业根据环境的变化、自身的资源和实力，为谋求生存和不断发展，选择适合的经营领域和产品，确立长远目标并对实现目标的轨迹做出的总体性、长远性、指导性谋划。经济全球化进程的加快和随之而来的国际竞争的加剧，对企业战略的要求越来越高。企业只有通过战略谋划和具体实施，形成自己的核心竞争力，并通过差异化策略才能在竞争中取胜。

（二）企业战略的作用

企业战略是决定企业生存与发展的一个极具关键的因素，其作用主要表现在以下四个方面：

1. 可以保证企业有计划地实现其战略目标。企业战略是企业对自己的发展方向、途径、范围、实施步骤、阶段目标等进行的科学规划。每个企业都应根据外部环境的变化和企业的特点，提出具有自己特色的战略规划，并按规划所规定的时间、进度和要求，按期实现阶段目标，促进企业的发展。

2. 可以促使企业经营决策科学化、制度化、系统化。决策贯穿于企业生产经营的全过程，是企业领导的基本职能，是现代管理的核心。企业通过战略制定、执行、评价和控制，有利于保障企业经营决策科学化、制度化、系统化，使企业更好地适应内外部环境的变化。

3. 可以有效地利用资源，实现系统的最优化目标。企业战略要充分研究企业的内部条件和外部环境，在对企业所拥有的各种经营资源进行有效配置的同时，也要对外部环境资源进行有效利用。企业根据系统分析的原理，运用定性与定量的方法，构造企业总体目标的优化模型，通过多方案比较论证，最后决定企业的最优化模型，以谋求企业的长远发展和系统的最优化目标。

4.可以增强企业的市场竞争能力。企业战略以战略观念为指导，在市场经济中集中表现为质量观念、效果观念、竞争观念和开拓创新观念。企业战略管理通过信息反馈系统，可以及时地把握市场信息，通过企业外部环境的判断和内部条件的分析，及时调整经营对策，修订经营目标，改变竞争手段，提高应变能力，保持企业对环境的动态适应性和相对稳定性，使企业立足当前，求胜长远。

（三）企业战略的 SWOT 分析法

SWOT 分析法是指企业在战略制定和战略实施之前，对企业所处的外部环境的机会（Opportunities）、威胁（Threats）所造成的影响，以及企业内部资源的优势（Strengths）、劣势（Weaknesses）状况，按矩阵形式排列起来，然后运用系统分析的思想，把各种因素相互匹配起来加以分析，从中得出一系列相应的结论或对策。SWOT 分析法包括以下几个主要步骤：

1.分析环境因素

运用各种调查研究方法，分析企业所处的各种内部和外部环境因素：

（1）外部环境因素包括机会因素和威胁因素，它们是外部环境对企业的发展直接有影响的有利和不利因素，一般归属为经济、政治、文化、人口、产品和服务、技术、市场、竞争等不同范畴。机会因素具体包括新产品、新市场、新需求、外部市场壁垒解除、竞争对手失误等；威胁因素具体包括新的竞争对手、替代产品增多、市场紧缩、行业政策变化、经济衰退、客户偏好改变、突发事件等。

（2）内部环境因素包括优势因素和劣势因素，它们是企业在其发展中自身存在的积极和消极因素，一般归类为组织、经营、财务、营销、人力资源等不同范畴。优势因素具体包括有利的竞争态势、充足的财政来源、良好的企业形象、先进的技术力量、规模经济、产品质量、市场份额、成本优势、广告攻势等；劣势因素具体包括设备老化、管理混乱、缺少关键技术、研究开发落后、资金短缺、经营不善、产品积压、竞争力差等。

2.构造 SWOT 矩阵

将调查得出的各种因素根据轻重缓急或影响程度等排序方式，构造 SWOT 矩阵。在此过程中，将那些对企业发展有直接的、重要的、大量的、迫切的、久远的影响因素优先排列出来，而将那些间接的、次要的、少许的、不急的、短暂的影响因素排列在后面。

3.制订行动计划

在完成环境因素分析和 SWOT 矩阵的构造后，便可以制订出相应的行动计划。其基本思路是：发挥优势因素，克服弱点因素，利用机会因素，化解威胁因素；考虑过去，立足当前，着眼未来。运用系统的综合分析方法，将排列与考虑的各种环境因素相互匹配起来加以组合，得出一系列企业未来发展的可选择对策。

SWOT 分析法可以作为企业选择和制定战略的一种方法，它利用优势、劣势、机会和威胁的相互组合，提供了优势—机会战略（SO）、劣势—机会战略（WO）、优势—威胁战略（ST）、劣势—威胁战略（WT），见表 6-1。

表 6-1　SWOT 分析表

优势/劣势 机会/威胁	优势（S）	劣势（W）
机会（O）	增长型战略——依靠内部优势，利用外部机会	扭转型战略——利用外部机会，克服内部劣势
威胁（T）	多种经营战略——依靠内部优势，回避外部威胁	防御型战略——减少内部劣势，回避外部威胁

（1）优势—机会战略。优势—机会战略是依靠内部优势去抓住外部机会的战略，属于增长型战略。如一个资源雄厚（内在优势）的企业发现某一外部市场未曾饱和（外在机会），那么它就应该采取优势—机会战略，去开拓这一外部市场。

（2）劣势—机会战略。劣势—机会战略是利用外部机会来改进内部弱点的战略，属于扭转型战略。如一个面对计算机服务需求增长的企业（外在机会）却十分缺乏技术专家（内在劣势），那么它就应该采用劣势—机会战略，培养技术专家或购入一个高科技的计算机公司。

（3）优势—威胁战略。优势—威胁战略是利用企业的优势避免或减轻外部威胁的打击，是多种经营战略。如一个企业的销售渠道（内在优势）很多，但是由于各种限制又不允许它经营其他商品（外在威胁），那么就应该采取优势—威胁战略，走集中型、多样化的道路。

（4）劣势—威胁战略。劣势—威胁战略是直接减少内部弱点和避免外部威胁的战略，是防御型战略。如一个商品质量差（内在劣势）、供应渠道不可靠（外在威胁）的企业应该采取劣势—威胁战略，强化企业管理，提高产品质量，稳定供应渠道，或走联合、合并之路以谋求生存和发展。

SWOT 方法的基本点就是企业战略的制定必须使其内部能力（优势和劣势）与外部环境（机会和威胁）相适应，以获取经营的成功。SWOT 方法的优点体现在考虑问题全面上，它是一种系统思维，而且可以把对问题的"诊断"和"开处方"紧密结合在一起，条理清楚，便于检验。

▶▶ 思考与练习

拦路虎

参与人数：集体　　参与时间：10分钟　　场地：不限　　材料：纸和笔

在追寻财富的路上，我们会遇到很多阻碍，这些阻碍来源于哪里呢？这个游戏将会帮助我们解决这些困惑。游戏的步骤如下：

1. 向游戏参与者传达这样一种理念：人们总是受制于种种束缚，正是这些束缚给我们设置了障碍，我们应该深入讨论一下这种现象。

2. 利用一分钟时间让游戏参与者想一下最近打算开始或停止的事情，然后利用1分钟时间回想是什么因素阻碍目标的达成，并列出一个清单：

(1)臆想中的约束。

(2)可以变通的约束。

(3)略有通融余地的约束。

(4)实际存在的、无法通融的约束。

3. 向游戏参与者指出，根据对一家公司员工的调查，他们认定的阻碍力量中有90%应属于可以变通的和臆想中的阻碍。

4. 鼓励游戏参与者与其他人沟通，分享他们的想法，一起分析一下束缚他们的因素，并鼓励他们去改变，看看结果会怎样。很多事情因为有"拦路虎"存在而被搁置下来，其实真正的原因不是它们难以解决，而是做事情的人没有坚持到最后，没有发现那只老虎实际上是纸做的。如果希望有所改变，不妨制订一个行动计划去克服障碍，工作和生活将会因此发生许多改变。任何事情都不是绝对的，一旦我们下定决心去做，再大的困难都不能阻碍我们。所谓尽人事，听天命，虽然不一定会成功，但只要做了，就一定会有收获。

做完游戏思考下面的问题：

1. 你打算停止的事情是出于什么原因？

2. 你认为哪些约束是臆想出来的？

这个游戏告诉我们，不要总是想象困难的存在，要积极行动，尤其在投资的时候。

第七章 数字经济时代下的大学生创业

第一节 "互联网＋"与大学生创业

一、"互联网＋"相关概念及背景知识

21世纪是互联网的时代，也是创新创业的时代。国家和地区间的竞争聚焦在技术创新和创业水平上。创新创业活动带来的强大经济效益已成为世界各国、各地区经济发展的重要推动力量。"互联网＋"作为一项国家战略，融合了中国经济的各行各业，是效率的引擎，是创新的引擎，也是创业的引擎。

（一）走进"互联网＋"时代

借助设计好的计算设备将人们日常细微的生活纳入全新的领域，互联网技术每一次伟大的突破都将带来人类社会的重大变革。随着国家对"互联网＋"行动计划的推进，在"互联网＋"时代，互联网已不再局限于"技术工具"理念。万物互联，互联网正逐渐改变着人类社会生活的方方面面，对社会进步和经济发展发挥了巨大作用

（二）什么是"互联网＋"

从字面意义上来看，"互联网＋"概念的中心词是互联网，是将开放、平等、连接、互动等互联网特性运用于各大产业，结合大数据的统计和分析，改造传统产业，催生新业态，在经济新常态下塑造全新的商业生态系统环境。"＋"则代表添加与联合，将互联网应用范围从传统行业扩展到新兴行业，"互联网＋"是一种与信息时代相匹配、与经济发展规律相契合的交融。"互联网＋"作为一个整体概念，其过程是创新驱动转型的过程，"互联网＋"将创新推动经济结构优化。

（三）从消费互联网到产业互联网

各个行业、政府乃至整个时代，产业互联网发展大势已经到来。与消费互联网相对比，产业互联网更强调通过生产要素的优化配置个性化设计与制造，各行各业都将

在未来互联网化。"互联网＋"行动计划的战略定位，是以"互联网"为抓手，大力实施创新驱动，致力融合应用，着力激发"大众创业、万众创新"，突破新技术、研发新产品、开发新服务、创新业态，以创新促进社会全面转型。

1."互联网＋农业"

"互联网＋农业"是大数据、云计算、物联网等高科技信息技术与农业的跨界融合。基于互联网平台的创新现代农业新产品、新模式与新业态，包括从生产到加工的各个环节。

2."互联网＋工业"

互联网能够帮助传统工业实现从"以产品为中心"的理念到"以用户需求为中心"的转变。互联网搭建了客户交互、精准营销的通道，助力制造业提升核心竞争力，并积极构建新型企业生态价值链，加快工业制造模式从大规模制造向个性化、定制化众包生产等方式演进。

3."互联网＋服务业"

服务业是"互联网＋"目前发展较为深入的领域。政府工作报告中提及的"医疗、住房、交通、教育、旅游、物流"等行业都已有与互联网的深度融合。在医疗领域，专业App为用户提供专业的信息服务，通过可穿戴设备终端收集人体信息，手机交互后传输到云端，成为医疗监护和检查的新模式。在休闲旅游领域，现代信息技术应用成为驱动旅游业创新发展的新动力，在线化、智能化的旅游服务和旅游管理促进了旅游业智能化和专业化提升。

二、"互联网＋"应用商业环境

不论生产者还是消费者，互联网的运用带来的是商业环境的巨大变革，互联网思维正时时刻刻塑造着新的商业理念和商业模式；互联网平台的众创、众包、众扶、众筹等创新创业新业态、新模式也不断涌现。身处这个巨大变革时代，不论企业家还是管理者都需要明晰互联网经济下真正的商业逻辑。互联网实质上是一种思维方式、一种精神要求。"互联网"特性也正体现了互联网时代互联网思维的变换和互联网精神的运用。

（一）跨界融合

"互联网＋"促进了实体经济各行业的多层次跨界融合，成为经济前进的新兴动力，传统的广告、零售、物流、医疗卫生等行业边界可能被逐个击破，创新者以无可企及的速度在不同领域间相互跨越，同行的市场竞争逐渐演变为全方位不同对手之间的商业竞争，更便利、更全面的商业系统正在逐一形成。

（二）创新驱动

创新是互联网前进发展的"精髓"。创断驱动来自企业需要降低成本、日常运营需要提升效率、客户体验需要优先"互联网"带来用户模式等的创新，不仅仅是技术上的更新，还有商业模式、产业模式、技术模式上的创新。创新驱动经济发展，提高生产率。在创新驱动中，依靠科学技术的创新带动未来的效益，实现集约化增长。

（三）重塑结构

随着互联网的深入发展，原有的社会经济结构、文化和地缘结构已经被打破，尤其是近几年，消费者个性化需求的增长，很多行业企业结构发生变化。各大传统行业都在谋求互联网环境下的转型升级。在经营层面，传统零售业进军在线交易平台，互联网金融跨界银行理财业务。在组织管理上，传统组织结构内部各自为政、决策低下等弊端日益暴露，在新商业环境下各大传统行业不得不谋求组织结构的变革。

（四）尊重人性

人性是推动科技和社会进步、经济文化繁荣的根本力量，人类社会的发明创造大多数建立在对人性的把握之上。互联网之所以强大，也源于对人性最大限度的尊重以及对人类创造性的重视。

互联网商业环境中，信息不对称的壁垒逐步打破，万物实时连接，人类创造性不断激发，人才与组织的关系将更多的是同盟关系、伙伴关系，用户与企业联系也更加紧密。以用户为中心、尊重用户需求，成为企业生存发展的关键。

（五）开放生态

没有开放就没有分享、平等，开放作为首要的互联网精神，把制约的壁垒去掉，实现资源和人的有效连接，使得人类在开放的环境中获得平等的机会，并抓住机会利用平台获得价值。在全接触、零距离互联网环境下，开放生态改变了企业与用户之间的信息不对称。企业需要更多地接触用户、粉丝与市场，以推进企业的改革发展。

（六）连接一切

开放生态的未来是连接一切。不同的事物虽是分层次的，也是有差异的，而连接的价值是将不同的事物组合在一起，这也是"互联网＋"的目标。互联网时代，互联网开放平台将连接更多的信息孤点，形成更大的生态链。

▸▸ 知识链接

产业聚集：电子商务产业园

"互联网＋"正在逐步向园区经济渗透，它大大促进了传统园区的转型升级，电子商务的蓬勃发展催生出一大批电子商务产业园。电子商务园区的主要功能包括满足网上需求、拓展多元主体投资以及营造良好的发展环境。伴随快递、运营、培训、IT等多样、专业的电子商务服务持续集聚，电子商务园区升级成为本地的电子商务服务枢纽，服务范围覆盖园区周边区域。调研显示，入住电商园区最常见的电子商务服务包括物流快递、代运营、电商培训、网络营销、网点摄影、网点装修等，此外还有会展、法律、财务、人力资源等商业服务。

电子商务园区服务于电子商务创业者和中小企业，成为全新的孵化器。在深圳、杭州、上海、沈阳等地的电子商务园区，创业者和中小企业可以获得场地、资金、培训、技术等方面的支持，沐浴在浓厚的创业、创新氛围中，从而得以快速成长和发展。网商、服务商大规模集聚于园区，通过各种正式、非正式的交流，专业知识得以广泛传播和扩散。

三、起航"互联网＋"创业

变革的时代通常是颠覆与嬗变齐飞，机遇与挑战并存。"互联网＋"是创新创业的利器，在帮助创业者实现自身梦想的同时，也创造出巨大的财富效应。在"互联网＋"创业的浪潮中，创业者需要更好地把握机遇，应对挑战，实现在创业时代的大海中稳步扬帆。

（一）把握"互联网＋"创业机遇

"大众创业、万众创新"的提出不仅让企业充满活力，也激发了整个社会创新潜能和创业热情。创业成本高、创业机会不足的缺点在"互联网＋"的时代得到大大地改善。互联网时代资源的共享、信息的开放、渠道的集中，让产品可以直达消费者。互联网发展带来的长尾效应，只要在某个细分领域获得成功就能够生存，这些都是传统创业未曾想到的改变。

1. 国家创业政策的大力支持

"互联网＋"将开启新一轮创业机遇。2015年1月，国务院常务会议决定设立400亿元的新兴产业创业投资引导基金，为产业创新加油助力。国务院颁布的《关于发展众创空间推进大众创新创业的指导意见》给创新以指导和鼓励。创业门槛降低，创业起步的资金支持，各类创新创业政策的相继出台，对激励创新创业扩大社会就业、增加社会财富、促进创新型经济成长具有重要意义。

2. "互联网＋"环境下创业门槛降低

互联网技术的应用极大地降低了人们在物质和时间两方面的试错成本。互联网时代的很多产品，真正进入了边际成本趋近于零。事实证明，互联网以其开放、包容的特点，大大降低了全社会就业、创业的综合要求，大量新型工作岗位被创设。

3. 互联网经济下创业机会的激增

互联网的普及，特别是移动互联网技术的强劲发展，已经悄然改变了人们的生活状态。互联网技术深深嵌入社会生活的方方面面，解决了传统生活中衣、食、住、行、游、购、娱、学等诸多问题，也因此创造了大量的就业创业机会。互联网的发展，使传统行业突破时空局限性，并且有广泛的信息和数据资源使用。互联网带来了市场细分，衣食住行、生活服务领域的各类O2O创业机会层出不穷。更多的专业化企业在某一个极小的细分领域内获得成功，并且把大部分的成本放到企业之外。

4. "互联网＋"环境下创业资源更易集聚

过去，初创公司要想启动创业项目，银行贷款高不可攀，天使基金和风投遥不可及，而现在，随着互联网经济下众筹、众扶体系的发展，创业孵化链如雨后春笋般发展起来。现在有不少投资者拎着钱袋子四处寻觅创业项目，只要发展前景好就不愁资金支持。另外，众筹也为企业研发、个人创业融资提供了巨大的便利，成为众多中小微企业早期发展、募集资金的重要途径。众扶为创业者提供商业性平台所无法提供的资源和帮助，也为创业者提供重要安全保障。

5. 更加平等的创业环境

互联网上发布和接收信息是平等的。互联网的开放与包容消除了时间、空间、身份等因素的差异，创业的社会成本在"互联网＋"环境下也趋向平等。相关数据显示，新兴市场中有30％的小微企业由女性企业家创办。阿里巴巴上开店的卖家中55％是女性，约有100万女性创业者利用阿里平台开办自己的网店。"互联网＋"环境下的创业活动不再是男性的天下，女性也逐渐加入互联网创业大潮中。

知识链接

山东省高校毕业生自主创业优惠政策

1. 一次性创业补贴、一次性创业岗位开发补贴及创业场所租赁补贴

全面落实高校毕业生、登记失业人员、退役士兵和残疾人等群体就业创业税收优惠政策。加大一次性创业补贴发放力度，有条件的市可将一次性创业补贴政策放宽到符合条件的新注册个体工商户，补贴标准不低于2000元。对毕业5年内高校毕业生（含技师学院高级工班、预备技师班和特殊教育学院职业教育类毕业生）租用经营场地创业，有条件的市可给予创业场所租赁补贴。

一次性创业补贴：对首次领取小微企业营业执照、政策经营并在创办企业缴纳职工社会保险费满12个月的创业人员，给予一次性创业补贴，补贴标准不低于12000元。有条件的市可将一次性创业补贴政策放宽到符合条件的新注册个体工商户，补贴标准不低于2000元。

符合条件的小微企业向注册地人力资源社会保障部门申请一次性创业补贴，应提供创业者身份证复印件或《就业创业证》复印件、营业执照原件及复印件、社会保险费征缴机构出具的创业者本人职工社会保险缴费明细账（单）、财务报表等。

一次性创业场所租赁补贴：有条件的市对租用经营场地创业且未享受场地租赁费减免的毕业年度高等院校、技师学院毕业生和就业困难人员，可给予一次性创业场所租赁补贴。具体补贴标准、申领审核程序等由各市确定。

落实国家关于清障减负各项政策，为高校毕业生创新创业营造良好环境，鼓励大学生担任科技特派员投入农村创新创业。鼓励各高等院校允许全日制在校学生休学创业。凡创办企业的大学生，所创办的企业与所学专业相关的，可视为其参加实习、实训或实践教育的时间，并按相关规定记入学分。加快大学生创业孵化基地、众创空间、星创空间、农科驿站等建设，推动老旧商业设施、仓储设施、闲置楼宇、过剩商业地产转为大学生创业孵化基地，为高校毕业生搭建低成本、全方位、专业化的创新创业平台，为创业者提供指导服务和政策扶持，对确有需要的创业企业可适当延长孵化周期。

发挥财政、信贷、创投以及社会公益等各类资金的作用，为高校毕业生创业创新提供多渠道资金支持。鼓励高校毕业生根据自身专长和区域经济特色，在基层创办小微企业、从事个体经营或网络创业，鼓励高校毕业生参加全国创新创业大赛和省中小微企业创新竞技行动计划，按规定给予政策支持。支持高校毕业生以资金入股、技术参股等方式，加入农民专业合作社等经济组织，鼓励其兴办家庭农场，对符合扶贫扶持政策、农业补贴政策条件的，按规定给予政策支持。鼓励高校毕业生充分利用闲暇时间，通过互联网远程技术为基层和艰苦边远地区提供公益性志愿服务或兼职工作，以多种形式为基层发展贡献才智。

大学生到农村创业领办农民专业合作社、创办小微企业等实体，首次领取营业执照且正常经营、在创办实体按照企业职工标准缴纳社会保险费满 12 个月的，给予不低于 12000 元的一次性创业补贴。对大学生领办农民专业合作社或创办小微企业，根据其申请补贴时吸纳签订 1 年以上劳动合同、按规定参加社会保险 4 个月以上的就业人员数量，给予每个岗位 2000 元的一次性创业岗位开发补贴。

各地创业孵化基地、创业园区应优先为毕业年度高校毕业生涉农创业项目提供创业场所，按规定给予场地租赁费用减免。对毕业年度高校毕业生涉农创业项目租用经营场地，并且未享受场地租赁费用减免的，可给予一次性创业场所租赁补贴，具体由各市结合实际自行确定。

东营市提高大学生创办小微企业补贴标准，将一次性创业补贴由 12000 元提高到 20000 元，租赁补贴由每年 6000 元提高至 10000 元补贴，期限最长不超过 3 年。落实房租补贴及生活补助，在市交纳社会保险满一年的，博士研究生每人每月 1000 元、硕士研究生每人每月 300 元。

一次性创业岗位开发补贴：对吸纳登记失业人员和毕业年度高校毕业生(不含创业者本人，下同)并与其签订 1 年及以上期限劳动合同，按月向招用人员支付不低于当地最低工资标准的工资报酬，足额缴纳职工社会保险费满 4 个月以上的小微企业，按照申请补贴时创造就业岗位数量和每个岗位不低于 2000 元的标准给予一次性创业岗位开发补贴。

符合条件的小微企业向注册地人力资源社会保障部门申请一次性创业岗位开发补贴，应提供营业执照原件及复印件、招用人员名单、《就业创业证》和劳动合同复印件、单位发放工资明细账、社会保险费征缴机构出具的职工社会保险缴费明细账（单）、财务报表等。

山东省对涉农创业的政策有倾斜，政府对大学生投身农业领域创新创业有明显的支持。山东省的大学生创业者在考虑创业方向时不妨优先考虑农业领域的项目，跟着当地政策鼓励的方向走容易得到更全面的帮扶，有助于企业成长。

2. 创业孵化基地及园区

强化创业实践孵化，提供创业经营场所支持，统筹利用资源建设大学生创业园、留学人员创业园和创业孵化基地，支持发展一批众创空间等新型平台，为高校毕业生提供低成本场所支持和孵化服务。

加大大学生创业示范平台建设力度，基本实现大学生创业孵化基地或大学生创业园全覆盖，为高校毕业生提供低成本场所支持和工商税务等一站式服务，并对符合条件的给予一定的场地租赁补贴。每年评估认定 10 家左右省级大学生创业孵化示范基地和创业示范园区，并按照规定给予资金奖补。

规范使用好省级创业带动就业扶持资金、就业补助资金和大学生创业引领计划专项扶持资金，落实好一次性创业补贴、一次性创业岗位开发补贴、一次性创业场所租赁补贴及创业担保贷款等政策。

创业园和创业孵化基地的支持为大学生创业者极大地节省了在办公场地上的费用支出，变相为大学生创办的初创企业节省了运营成本，让创业者能够将创业资金更好地花在刀刃上。

3. 创业担保贷款及贴息

符合条件的创业人员，可申请 100000 元以内（含 100000 元）创业担保贷款，期限最长不超过 3 年，利率可在贷款合同签订日贷款基础利率的基础上上浮不超过 1 个百分点，第一年给予全额贴息，第二年贴息 2/3，第三年贴息 1/3。符合条件的小微企业，可申请 3000000 元以内（含 3000000 元）创业担保贷款，期限最长不超过 2 年，按照贷款合同签订日贷款基础利率的 50% 给予贴息。

4. 选树创业典型

组织开展"山东大学生十大创业之星"评选活动，举办"山东省大学生创业大赛"，营造良好的创新创业氛围。

创业典型奖励标准：对每年新评选的"山东省十大大学生创业之星"给予 50000 元奖励，对"山东省创业大赛"前十名，按照获奖等次（特等奖、一等奖、二等奖、三等奖）由高到低分别给予 100000 元、80000 元、50000 元、30000 元奖励。

（二）应对"互联网＋"创业挑战

在创业层面，"互联网＋"市场不再是仅有一个创意就可以加入战局，如何在市场细分的情况下发现商机，如何组建创业团队，如何在纷杂的融资渠道中吸引投资人，如何面对行业竞争对手，如何继续壮大发展，这些都是难题。

新一轮创业浪潮正在激荡中国，近年中国初创企业数量逐年增多，但熬过三年的初创公司少之又少。"项目选择盲目跟风，还未盈利，资金已经枯竭""股权分配、组织内部纷争""急速扩张、融资困难""单一模式、错误转型"等，各类创业挑战潜伏在创业路上的各个路段。对于不少创业者来说，与其说是创业，其实更像是赌博，头脑一热奋不顾身地勇往直前，结果身陷囹圄。虽是借"互联网＋"的东风，创业也不应该盲目跟风，无论身处多么好的创业环境都不能掉以轻心。

在"互联网＋"时代背景下，创业富有机遇，同时也充满挑战。创业者更应把握机遇，应对挑战，最终实现创业成功。

第二节　发掘互联网创业项目

彼得·德鲁克在《创新和企业家精神》一书中将企业创新的机遇归结为两类：一类是来自于企业内部，诸如意外之事、不一致之事、基于程序需要的创新、工业结构或市场结构变换等；另一类来自企业外部，如统计数据的变化，认知和情绪及意义上的变化以及新知识的出现。

成功的互联网创业本质上就是基于内部或外部的创新行为。我们所看到的许多成功的创业一定同时伴随着某种创新——技术创新、产品创新、商务模式的创新等。成功的互联网创业与创新之间存在必然的联系，互联网创业的机遇往往就是某种创新所提供的，或者说变化为创业提供了机遇，创业只不过是利用了某种变化。

一、寻找互联网创业机遇

在现实生活中，有人面对别人的成功总会发出这样的感叹：为什么这么好的机会我就没有赶上呢？为什么这么赚钱的事情我就没有想到呢？那么那些成功的创业者们究竟是如何发现并把握住商机的呢？创业的机遇究竟在哪里呢？通过长期和大量地观察，我们发现创业的机遇往往来源于两大类：一类是由于外部环境的变化而提供的创业机遇；另一类是由于创业者试图改变自身处境而发现的创业机遇。我们把前者称之为外部驱动型创业，而把后者称之为内部驱动型创业。

我们很幸运，生活在一个信息丰富、交流便捷、科技发展日新月异的时代。这个时代，每天都在变化，新的技术、新的概念、新的需求、新的市场……这些变化就孕育出许许多多新的商业模式、新的营销方式、新的产品，这些就是创业的外部驱动源。

我们把由于环境的改变产生了新的商机从而带来了创业的机会称之为外部驱动型创业。某种新技术的应用、政府的某些新政策的实施，来自消费者的未满足的需求以及一个新兴产业的发展都有可能产生新的商机，从而带动创业。

（一）新技术的应用

一项新技术的应用往往就孕育着新的商机，新技术的应用越普及对整个社会的影响面就越广泛，所产生的商机就越多。从 200 多年以前蒸汽机的发明、电的发明到 20 世纪 80 年代后期互联网的商业化应用，这些重大的技术发明和应用给整个社会带来了巨大的变化，也使得同时代的创业活动格外活跃。被人类未来学家称之为第三次浪潮的互联网的商业化应用，使得无数人几乎是一夜之间就跻身到百万富翁的行列，它又使得无数人圆了"老板"梦。

（二）未满足的消费需求

根据马斯洛的需要层次理论，人的需要不是恒定的，而是从满足最基本的生存需要进而向更高层次需要不断提高和转变的。社会在进步，经济在发展，消费者的需要也随之发生变化。20 世纪 80 年代，我国刚刚改革开放，人们的收入有所提高，当基本的温饱问题得到解决以后，人们对生活品质提出了更高的要求，从吃到穿，从手表、缝纫机、自行车到彩电、冰箱、洗衣机。强大的消费需求带来了巨大的商机，许多乡镇企业家、民营企业家就是抓住了满足人们提高生活品质的需求这个商机创业，并发展壮大起来。随着改革开放的深入，城镇居民生活水平不断提高，家用电脑、家庭轿车、第二套住房成为人们追求的新三件；人们从物质的追求上升到精神的追求，其间必然又有许多未满足的需求蕴含着潜在的商机，这些商机为创业提供了机遇。

互联网的发展过程既是不断创新的过程，也是新的消费需求不断被激发和被满足的过程。最初人们只是用互联网传输和检索信息，可是当一项又一项互联网技术问世以后，人们对互联网的应用需求也在不断地提升，我们同样可以用马斯洛的需求层次理论来解释人们对互联网的应用需求层次。

二、欲望成就梦想

外部环境提供创业的机遇是"时势造英雄"。但是有时似乎环境并没有为创业提供更好的机遇，而创业者自身具备条件也同样可以创业。

（一）掌握专有的实用技术

一个人如果掌握了某种实用技术，其实他已经具备了创业的一项内在条件，甚至可以做到零资本创业。互联网创业者如果掌握某种专业技术，而且这种技术具有比较广泛的市场需求，同时这种技术的掌握具有一定的难度（提高了潜在竞争者的进入门槛）。如果上述条件能够同时满足，创业的基础条件就基本上形成了。对于创业者和投资者来说，创业最简单的方法就是从自己熟悉或有专长的事情做起，可以起到事半功倍的效果，大大减少创业过程中的波折。

在计算机和互联网普及应用的今天，许多人都从事与互联网相关的技术开发和应用。但是在互联网创业中，能够成为创业内部驱动力的技术一定能够成功地转化为商业模式，即能够为客户创造价值的实用技术。

我们不鼓励初次创业者直接利用最新、最先进的技术进行创业，甚至自行开发新技术进行创业。对于大多数创业者来说，最先进的技术不一定是最能产生回报的技术。一项新技术从问世到形成产业化应用需要一个漫长的孵化期，在孵化的过程中，非但没有回报还需要大量的投入。一个新创立的企业要尽快生存下来，它是无法承受这样漫长的孵化期的，而利用实用技术加以适当创新，能够很快产生回报，减少创业失败的风险。

专业技术人员最容易跨入创业的门槛，但是也是最不容易成功的创业者。一方面，专业技术人员的专业技术和专业知识就是创业的资本，即便没有启动资金，也完全可以"零资金"创业。另一方面，专业技术人员即便创业不成，凭技术还可以重新回到打工一族，通常少有后顾之忧。也正因为如此，专业技术人员最容易陷入"侠客"思维的误区，崇拜技术，技术至上，而对市场缺乏应有的关注，对其他创业所需的资源缺乏应有的重视和掌控的能力。这一点是有专业技术人员背景的创业者需要特别注意的问题。

（二）掌握相对稀缺的资源

为了提高成功的机会，减少失败概率，在创业之前，创业者必须冷静评估所拥有的资源，包括社会关系、专业特长，并评估其所蕴含的商业价值，寻找创业和投资的切入点。不是所有资源都有商业价值。创业者和投资者在评估自己所拥有的资源时要尽量避免"自我感觉"。如果创业者对自我评估没有信心，那么，可以请朋友和家人甚至请专业咨询机构帮助评估。

创业所需要的资源不仅仅是资金，最重要的创业资源是客户资源。如果创业者拥有稳定的和一定规模的客户资源，只要创业者能够提供客户所需的产品或服务，创业的收入来源就有了保障。

客户资源是在开放的市场环境中最重要的创业资源。比如上游供应商资源、下游分销商资源、客户资源，甚至某些需要政府部门审批的资质等都可以成为创业的资源。

（三）基于体验的成功尝试

无论在生活中或是在工作、学习中，每个人总会遇到各种各样的困难或问题，这些困难和问题往往就孕育着某种商机。热爱生活、热爱工作的人会以积极的心态去探索克服困难和解决问题的办法，而有时商机就蕴含其中。遗憾的是很多人遇到问题会习惯性地绕着走，等到别人获得了成功，只能懊悔地一拍脑门"这么简单的事情，我怎么就没有想到呢?"于是与商机擦肩而过。

因此，创业者不是空想家，而是"干一行、爱一行、钻一行"的实干家。只有热爱生活、热爱工作、热爱学习的人，才会去体验生活的方方面面，去发现生活中美好的一面，去改善不好的一面；只有热爱本职工作的人才会去想方设法让工作更加有效；

只有热爱学习的人才会从中不断吸取养分，开阔视野，并不断完善自己。创业的机会可能就在身边，就在平凡的生活、工作和学习的体验之中。

三、价值是互联网创业的根基

当互联网创业成为一种追求的时候，人们有时可能面对变化莫测的市场、日新月异的技术和纷杂各异的需求，对各种商业模式和创业项目难以决断取舍。一个创业灵感是否能够成为通向成功之路的灯塔？创业者不应该凭掷骰子来决定运气，而应该采用科学的方法和求实态度来进行分析和决断。互联网创业是电子与商务的结合，其价值是建立在市场需求和商务模式创新基础上的。因此，对于每个创业的灵感都需要进行扎扎实实的市场调研和商务模式的可行性分析，让其变为可操作的商务模式。

一个人对创业项目的判断既取决于客观的市场需求，更取决于个人的思维方式。毕竟对于大多数人来说，思维空间的深度和广度是有限的，因此在提炼创业灵感的时候需要借助"外脑"和一些分析方法来弥补个体思维的不足。头脑风暴法和价值链分析法就是对互联网创业项目进行提炼和分析的两种实用方法。

（一）头脑风暴激发创业灵感

在互联网创业中，由于"网络效应"的存在和"先入为主"的特点，我们强调要适度创新，比如商务模式创新、产品和服务创新以及营销方法创新等。随着互联网技术的复杂化和互联网应用的多元化，单枪匹马式的冥思苦想将变得软弱无力，而"群起而攻之"的发明创造战术则显示出无可比拟的优势。应用头脑风暴法能够帮助创业者集思广益，实现创新。

（二）价值链分析法

市场经济就是商品经济（服务也是一种商品），围绕商品的价值交换所发生的一系列活动就是商务。因此可以把所有的商务活动用价值链模型来加以描述。

价值链是迈克尔·波特在《竞争优势》一书中提出的思想。企业是创造利润的组织；企业通过一系列业务活动将产品或服务提供给顾客，满足顾客需求，顾客则为企业提供了利润。这些活动决定了产品或服务的价值形成和价值转移，这些活动就像是连接在一起的结点，价值链就是由这样一些特定的结点连接而成的。由于这些活动对产品或服务的形成和转移具有增值作用，因此叫作"价值链"。

要让企业能够产生利润，企业需要科学合理地组织这些活动以便它们能够创造或增加价值。价值链思想体现了一种对企业业务活动进行组织的方法。小到一个企业，大到一个行业都可以用价值链模型进行分析。

1. 企业价值链

一个企业生产一种或几种产品，从原材料采购开始，经过加工、装配，生产成产品，再将产品经过批发、零售，到达客户手中，产品的价值随着生产销售过程发生了转移和增加。产品到达客户端，客户获得了产品的使用价值，客户在支付商品货款后，企业也实现了其自身的价值。由此可见，产品价值、客户价值和企业价值是相辅相成的。企业存在的价值就在于企业能够满足客户的需求，也就是企业能够提供对客户有价值的产品或者服务。产品从企业向客户方转移的过程也是产品价值转移和增加的过程，围绕这个过程发生了大量的商务活动。

在所有企业商务活动中，有些是直接影响企业价值的活动，被称之为关键活动；有些是间接影响企业价值的活动，被称之为支持活动。企业价值链的关键活动包括设计、原材料采购、制造、运输、销售、售后服务等，以上活动都是直接对客户或者说是对产品的形成和转移产生价值的活动。而财务管理、人力资源管理等则属于支持活动。

2. 行业价值链

一个行业的价值链是由许多核心企业和其上游企业、下游企业所组成的。行业价值链是企业价值链向其上游企业和下游企业的延伸。考察一个行业价值链的组成可以沿市场的末端——最终用户溯流而上，直至到达行业价值链的源头——原材料供应商。

行业价值链是由若干具有相互依存关系的企业价值链所组成的，即行业价值链是由核心企业(有些行业的核心企业为产品制造企业，而另一些行业的核心企业则为流通企业)、核心企业的上游供应商、供应商的供应商、核心企业的下游分销商、零售商等企业价值链组成。或者说，行业价值链是由核心企业、核心企业的上游供应商、核心企业的下游经销商、用户等系列活动所组成。总之，行业价值链描述了一个行业面向同一市场的全部企业活动的集成。

任何一个创业项目都会同时与其上游企业或下游企业(或客户)发生各种各样的联系。一个创业者应该充分地了解本企业所处的环境，通过分析行业价值链的组成，明确一个企业在行业价值链中的位置以及与其上下游企业的关系，从而帮助企业寻找商业机会和合作伙伴，并且整合利用所需要的资源。概括而言，行业价值链分析对于创业者的作用就在于：

(1)可以帮助创业者整合行业资源，建立合作伙伴战略联盟，包括供应链管理和分销渠道管理。

(2)可以确定在上下游企业之间是否存在可以合并的业务活动以及该业务活动的最佳处理流程。

(3)可以锁定"供应群""顾客群"，有利于寻找新的客户和供应商，拓展产品市场和供货渠道。

(4)可以跟踪产品的整个生命周期，从而为创业者利用互联网创业提供"全息图像"，有利于改进产品质量、降低行业总成本。

创业尽管需要热情，但是盲目的热情代替不了理智科学的分析。理智科学的分析能够帮助创业者评估创业项目的价值以及未来的发展前景。因此，创业者应该结合互联网创业类型，应用行业价值链模型对以下问题进行分析：

确定所选择的互联网创业项目属于哪一种互联网创业类型（最好能够用图示法表示价值链模型），所依托的行业是否具有广阔的市场前景？行业市场发展能够持续多久？创业企业在行业价值链中处于哪个环节？上游还是下游？在整个行业产品生命周期中，创业企业是否能够产生价值？所选择的互联网创业类型是否具有一定的技术壁垒？创业企业是否占据不可替代的位置？可能的替代者来自哪些企业？可能的替代产品是哪些？创业者是否需要并能够与其上下游企业建立合作伙伴关系？业务外包或者战略合作是否能够降低成本？

通过对行业价值链的分析，创业者对上述问题的思考以及寻求可能的解决方案将避免或减少互联网创业失败的可能。

价值链分析方法是站在最终消费者的角度来分析一种产品或服务是否能够为客户创造价值，以及围绕该产品或服务的生产与销售等全部活动是否具备增值作用。这种分析方法对于创业者分析创业项目和创业活动的价值，从而克服创业的盲目性具有一定的帮助和优化作用。一般来说，任何一个企业都存在目标市场问题。有的目标市场是由消费者个体组成的，有的目标市场是由企业群组成的。

互联网创业同传统创业相比有许多不同之处，在传统创业活动中必不可少的环节在互联网创业中可能是不必要的。比如传统商业活动中的库存和物流，在互联网上有可能通过资源的整合以及虚拟企业而得到解决，因此不必要的环节就可以剔除。还有一些业务环节虽然无法剔除，但是利用互联网在营销手段上加以创新，从而能够降低成本。例如，通过搜索引擎优化能够以最少的广告投入提高创业网站的知名度，通过会员制营销能够以最少的投入建立起网上营销渠道。

总之，利用互联网创业应该充分利用互联网的特点，站在为客户创造价值的角度上对创业项目的业务流程进行审视、优化和创新。

四、盈利模式是互联网创业的推动器

如果说价值分析是站在客户的角度对创业项目进行审视，那么盈利模式则是站在创业者和经营者的角度对创业项目进行设计。盈利模式是创业项目为创业者或经营者获取收入的方式、方法和程序的总和。换句话说，一个创业项目的盈利模式决定了创业者是否能够从创业项目的营运中赚钱。

盈利模式对于各种形式的创业都是一个至关重要的问题。盈利模式直接关系到创业活动的生命周期——一颗创业的种子是否能够成长为一棵参天大树，是否能够成为一项常青基业，取决于是否有一个明确的可持续的盈利模式。这是因为互联网创业的盈利模式往往更容易被先进的技术、新颖的概念所取代，创业者的关注力也往往更容易被某些技术细节所吸引。因此，如果没有一个清晰的盈利模式，互联网创业是不可能成功的。

幸福的家庭都是千篇一律的，而不幸的家庭却各有各的不幸。这句话如果用于互联网创业活动应该做如下的改变：成功的互联网创业各有各的成功之道，而失败的互联网创业往往都是没有明确的盈利模式。即便是一个非常有创意的创业点子，即便是能够为客户创造价值的创业项目，但是未必能够为创业者带来利润。盈利模式不是互联网创业与生俱来的产物，而是创业者精心设计的结果。对于互联网创业者来说，在对互联网创业项目进行价值分析的同时要对盈利模式进行设计。

一个好的互联网创业项目首先能够为客户提供价值，最好是为广大的客户提供价值。能够为客户提供价值的互联网创业项目，说明它能够满足一定的市场需求，有其存在的必要性。客户越广泛，其市场覆盖面就越大。

如果创业者所提供的产品和服务被每一个客户所需要，那么是不是创业就一定成功呢？答案是否定的。理由非常简单，如果有人能够免费提供午饭，全世界的人都愿意成为他（她）的客户，但是他（她）也就马上破产了。因此创业项目还必须能够为创业者带来利润。创业者能够从互联网创业项目中获取利润，是激励创业者创业的动力之一。

互联网创业项目还要能够持续地盈利，而不是短期盈利。能够实现持续盈利的互联网创业项目才能够持久发展、不断壮大。

互联网创业项目的盈利模式不外乎两大类：出售商品或提供服务（这似乎与传统创业没有什么两样）。如果再进一步对出售商品和提供服务进行细分，我们可以发现，尽管同样是出售商品或提供服务，但是盈利模式并不相同。尤其是提供服务，其创新的盈利模式更是层出不穷。为了能够更加突出互联网的特色，互联网盈利模式还可以划分为销售型盈利模式和流量型盈利模式。

在互联网上通过出售商品或提供服务而直接获取收入的经营方式就是销售型盈利模式。销售型盈利模式与传统的销售经营方式并没有本质的区别，最大的区别就是出售商品或提供服务的场所是在互联网上。销售型盈利模式的核心是所出售的商品或提供的服务能够直接满足客户的需求，即所提供的商品或提供的服务本身是能够为客户创造价值的。销售型盈利模式是一种直接的价值交换方式——商品与货币的交换。

流量型盈利模式是靠浏览量或点击获取收入的经营方式。流量型盈利模式通常以免费出售非实物商品来吸引用户。这些创新的互联网电子商务模式虽然没有直接从商品出售或服务中产生收入，但是由于它能够吸引大量的眼球，从而为其他间接的赢利创造了机会。

在互联网创业中，将销售型盈利模式和流量型盈利模式巧妙地结合在一起往往就能孕育出创新的商务模式。因此，善于设计吸引用户注意力的流量型模式，同时又善于将流量转化为销量是互联网创业成功的不二法则。

只要有人类存在的地方，就必然存在商品交换，因此销售是硬道理。通过出售商品获取收入永远会是人们创业的第一选择。网络销售是互联网创业比较多见的盈利模式。根据商品销售中卖方与买方的不同身份，网络销售又可以分为 Business-to-Consumer(B2C)和 Business-to-Business(B2B)模式。在 B2C 互联网电子商务模式中，卖方是企业，买方是最终消费者。在 B2B 互联网电子商务模式中，买卖双方都是企业。简单地理解，B2C 与 B2B 可以分别对应传统商务中的零售与批发。

由于网络的便捷、高效和方便管理，不少创业者都把初次创业的方向定在了网上零售。在互联网上从事零售业务的渠道主要有两种：第一种是在专业的电子商务网站上开店，如在淘宝、易趣上开设自己的网店。有些电子商务专业平台是免费提供使用的，比如淘宝。对于资金有限的初次创业者来说，在免费的电子商务网站上开店是一种低成本的启动方式。第二种是建立一个创业者专有的电子商务网站。这需要一定的启动资金和运营费用，但是这种方式创业起点高，更有利于建立创业企业品牌和市场信誉。以下是创业者在建立自己的专业网店时应该注意的问题：

1. 确定网络零售的销售对象

尤其是在创业初期，创业者必须明确谁是自己的客户，他们需要什么，能够为他们提供什么？是否能够满足他们的需求？有些选择网络零售的创业者并不知道自己的客户是谁？而是能够拿到什么便宜东西就去卖什么，这样做的结果也许在短期内能够有一定的收入，但是不利于长远发展。

2. 分析网络零售的价值与准备资源

从创业的长远发展考虑，创业者应该对自己的产品定位进行分析。什么是客户需要的商品？是否有稳定的高质量的货源？是否具有价格上的优势？与竞争对手相比较，自己的优势或差异是什么？这种优势和差异能否对客户产生足够的吸引力。

网上零售由于信息丰富、交流方便、价格低廉已经得到越来越多消费者的青睐。但是随着网络零售业务的普及，创业者要想在众多的网络零售商中被消费者"相中"就越加困难。因此创业者需要同时采取差异化和低成本的策略，使自己的产品和服务优于竞争者而成本低于竞争者，只有这样才有可能脱颖而出。

作为网络零售商可以创立自己的品牌，产品委托，也可做某个商品的代理，不需要在品牌培养上做大的投入，积累了一定的客户资源后可以适时推出自己的品牌。

3. 设计网络零售的业务流程

网络零售是商家在虚拟世界中向消费者提供产品和服务的商业形式。在买卖双方并未谋面的情形下，传统商业零售中依赖销售人员个人素养的销售技巧和经商之道，比如"微笑服务""礼貌待客"等在虚拟世界中都难以奏效。网络零售要能够吸引消费者并且留住老顾客，就需要在业务流程上下功夫，要站在消费者的角度上进行网络零售流程的设计，要让消费者登录到网络零售网站上同样有"宾至如归"的感觉。

第三节　互联网创业团队的组建

一个好的创业项目仅仅是成功的开始。创业的真正成功有待于创业者各个方面的努力。人、财、物缺一不可。创业的智慧就在于将所有的资源协调和有效地运用于创造价值的活动中。

一、选择同行者

在创业的路上，是一个人独自前行，还是与志同道合者结伴而行？这完全取决于创业者所面临的具体情形。但是，对于初次创业或者缺乏相应经历的年轻创业者来说，在创业的路上能够有人相互扶携而行，未尝不是一件好事。对于创业，彼得·德鲁克认为，"使用能够以合作伙伴身份工作的人才会成功"。中国有句名言"三个臭皮匠，赛过诸葛亮"，在很多情况下确实如此。不过，一定要避免"一个和尚挑水吃，两个和尚抬水吃，三个和尚没水吃"的情形发生。

在选择创业合作伙伴时，一定要强调志同道合。创业者们要具有同样的创业热情，对所选择的创业项目要具有同样的期望和信心，并愿意共同承担创业失败的风险。除了这些基本的要素外，还应注意创业团队之间的默契和配合，尽管是创业的同行者，但是在创业项目的营运中也应该有分工，有能够担当主角的，也要有甘愿担当配角的。因此，在选择同行者时，创业者要尽量做到在性格上、专业特长等方面的互补。

二、组合创业团队

考察一下那些成功的互联网创业，我们不难发现在成功的故事背后大都有一个创业团队的黄金组合。从人力资源管理的角度来看，建立优势互补的创业团队是保持创业团队稳定的关键。创建创业团队，不仅要考虑相互之间的默契关系，而且还要考虑成员之间在能力或技术上的互补性。

微软的成功就在于创业之初有一对堪称楷模的创业合作伙伴。虽然今天人们提起微软，首先想到的是比尔·盖茨，但是真正了解微软的人，都知道在微软成功的背后还有一个保罗·艾伦。

艾伦很小就对计算机科学充满了兴趣，由于他的父亲是华盛顿大学图书馆的图书管理员，这使他很容易接触到与计算机科学有关的图书。14 岁的艾伦已经对计算机达到了痴迷的程度，几乎整天泡在学校计算机房里玩弄那些电子设备并学着编写电脑程序，同时也顺理成章地与学校内的另一个计算机迷——年仅 12 岁的比尔·盖茨成为好朋友。两人在一起整天大谈计算机编程，甚至还相互比试。1971 年，艾伦考入了华盛顿州立大学，但在两年后毅然退学。理由很简单，他希望实现自己软件创业的梦想。

艾伦知道，要实现这个梦想，光靠自己是不行的，不久他便去找当时正在哈佛大学读二年级的盖茨，并极力劝说后者退学和他一同创业。几经拒绝后，盖茨终于被他的"为个人电脑编写商用软件的想法"说服了。"整个事件几乎是在一念之间下决定的"，就连盖茨也说，"当时如果不是艾伦描绘的蓝图打动了我，也许我还会待在大学里，那么以后所有的故事就不会发生了，我甚至怀疑自己当时是不是太过冲动。"

　　这两位创始人的配合可谓是相当默契，艾伦专注于新技术和新理念，而盖茨则以商业为主，销售员、技术负责人、律师、商务谈判员及总裁由他一人全部担当。

　　创业团队是一个创业公司人力资源的核心。建立创业团队，首先要选择志同道合的创业者。创业者志在创业，富有创业的热情，甘愿同甘共苦，勇于共同承担失败的风险，这是维系创业团队的基础。任何人才，不管他（她）的专业水平多么高，如果对所创立事业的信心不足，缺乏创业热情，将无法适应创业的需求。

　　在此基础上，稳健踏实的"主内"型人才与机敏善谈的"主外"型人才、耐心的"总管"和具有战略眼光的"领袖"、技术与市场等方面的人才都应该尽可能地考虑进来。

　　一个创业团队成员不能过于相似，相似可能会由于同质性而缺乏创意和竞争机制。创业者应保证团队成员的异质性。异质性不仅仅是指专业、特长的不同，而且还包括个人的性格与看问题角度的不同。如果一个团队里能够包容批判性的成员存在，总有人能不断地发现问题，并提出建设性的意见，这对于创业过程将大有裨益。

　　在创业团队的建设中根据团队成员的不同组合，可能会形成两种不同风格的创业团队，一种是有核心主导的创业团队，另一种是群体型创业团队。前者是在创业团队中产生了一个起领导作用的创业者，后者是以创业群体为共同领导。无论是哪种类型的创业团队，要想保持创业团队的稳定性，就需要在创业团队中形成一致的创业思路，创业团队成员要有共同的目标愿景，认同团队将要努力的目标和方向。当然共同的目标和愿景可能是在经过头脑风暴和不断的思想碰撞而形成的。同时创业团队成员间要保证通畅的沟通渠道，尤其是在创业团队中起领导作用的创业者，保持与创业团队的通畅的沟通至关重要。创业团队开始工作时要沟通，创业中遇到问题要沟通，解决问题时也要沟通，有矛盾时更要沟通。在沟通的时候，创业团队的所有成员是平等的，在决策时通常应少数服从多数。有些创业半路夭折往往是因为创业团队内部发生了严重的分歧，其中有些是群龙无首一盘散沙所致，有些则是主要创业者刚愎自用，听不进不同意见所致。如果创业团队成员在目标和愿景上不能保持一致，创业的路是很难继续走下去的。孙子曰："上下同欲者，胜。"只有真正目标一致，齐心协力的创业团队才会取得创业的成功。

三、设立创业实体

　　选择一个相应的创业平台——创业组织形式是创业者正式启动创业的第一步。创业可以从个体经营做起，但是对于大多数互联网创业来说，设立一个具有独立法人地位的企业将会使创业的发展空间更加广阔。

要设立企业从事创业经营活动，必须到工商行政管理部门办理登记手续，领取营业执照。如果从事特定行业的经营活动，还须事先取得相关主管部门的批准文件。例如，从事互联网信息服务，需要到当地通信管理部门申请 ICP 经营许可证或备案。

我国企业立法已经不再延续按企业所有制立法的旧模式，而是按企业组织形式分别立法，根据《民法通则》《公司法》《合伙企业法》《个人独资企业法》等法律的规定，企业的组织形式可以是股份有限公司、有限责任公司、合伙企业、个人独资企业，其中以有限责任公司最为常见。

要设立企业，创业者需要了解《公司法》以及《企业登记管理条例》《公司登记管理条例》等工商管理法规、规章，还需要了解有关开发区、高科技园区、软件园区（基地）等方面的法规、规章、有关地方规定，这样有助于创业者选择创业地点，以便享受税收等优惠政策。

我国实行法定注册资本制，如果创业企业不是全部以货币资金出资，而是部分以实物、知识产权等无形资产或股权、债权等出资，则还需要了解有关出资、资产评估等方面的法规规定。

现在各地工商局都开通了企业注册登记的网上申请和审理业务。创业者可以登录到当地工商局网站上去查询相关规定，在线填写申请表格，提交后，等待工商局的审理通知，这使企业注册登记的效率大大提高。企业设立后，创业者需要到当地税务部办理税务登记。这通常规定时限为一个月内，超期登记会受到处罚。企业需要聘请会计人员处理财务，这其中涉及税法和财务制度。创业者需要了解企业需要缴纳哪些税，其中包括营业税、增值税、所得税等，还要了解哪些支出可以进成本，开办费、固定资产如何摊销等。

企业进入创业经营后还要聘用员工，其中涉及劳动法和社会保险等问题。创业者需要了解劳动合同、试用期、服务期、商业秘密、竞业禁止、工伤、养老金、住房公积金、医疗保险、失业保险等诸多方面的规定。

互联网创业企业有时还需要处理知识产权问题，既不能侵犯别人的知识产权，又要建立自己的知识产权保护体系，这就需要了解著作权、商标、域名、商号、专利、技术秘密等各自的保护方法。在创业经营中创业者还要了解《合同法》《担保法》《票据法》等基本民商民事法律及行业管理的法律法规。

总之，创业企业成立后要根据《公司法》的规定，形成一个产权清晰、责权明确、管理科学的现代企业。

四、设计股权结构

许多创业者们在创业初期满腔热情，同甘共苦，不计较个人得失，但是当创业取得一定成就时，可能就会由于各种利益的分配而产生分歧。因此，理智的创业者应当在开始创业时，以法律文本的形式确定一个清晰的利润分配方案，把最基本的责、权、利界定清楚，尤其是股权、期权和分红权，此外还包括增资、扩股、融资、撤资、人事安排、解散等与投资者和创业团队成员利益密切相关的事宜。

（一）股权

股权是一种基于投资而产生的所有权。公司管理权来源于股权或基于股权的授权。公司决策权也来源于股权，同时又影响公司管理的方向与规模。一般情形下，创业初期股权分配比较明确，结构比较单一，几个创业投资人按照出资多少分得相应的股权。但是，在创业实践中往往会有许多特殊情形，给股权的分配带来一定的复杂性。一是在创业初期，创业团队成员中可能有掌握核心技术或关键资源的团队成员，在股权分配时可能不是以现金出资额为单一标准。二是随着企业的发展，公司股东有进有出，必然在分配上会产生种种利益冲突。同时，实践中存在许多隐名股东、干股等特殊股权，这些不确定因素加剧了公司运作的风险。公司运作中各种内部矛盾凸显，在矛盾中股东维护自身利益的依据就是股权比例和股东权利。所以，如果创业初期创业者忽视股权结构的设计，在公司出现内部矛盾时就会陷入进退两难的境地。这种局面往往会把公司推向风险和危机的边缘。

股权结构设计是以股东股权比例为基础，通过对股东权利、股东会及董事会职权与表决程序等进行一系列调整后的股东权利结构体系设计。

有些投资者仅仅是投资而不参与公司管理，有些投资者同时参与公司管理。而股东只要有投资，就会产生一定的决策权利，差别在于决策参与程度和影响力。所以，股东的意见能否形成影响公司管理运作的决策意见是非常重要的，而取得决策权的首要基础是股权比例。取得决策权的股东就是法律上的控股股东。

一个创业者既是投资者也是经营者。因此，作为创业者最好要掌握公司的决策权，没有公司决策权的创业者在创业的过程中就无法放手一搏。而对于互联网创业来说，最重要的资源是创业者或创业团队。创业者对创业最富激情，对创业的长远发展也最为看重，同时对创业运作也应该最有发言权。如果由于股权结构的设计，创业者失去了发言权，那么投资者可能会出于短期回报或者厌恶风险等原因，做出不利于创业发展的决策，结果要么是创业者沦为职业打工者，要么是创业者与投资者分道扬镳，造成创业组织的解体。

如何取得公司的决策权呢？《公司法》关于控股股东的含义是指其出资额占有限责任公司资本总额50％以上或者其持有的股份占股份有限公司股本总额50％以上的股东；出资额或者持有股份的比例虽然不足50％，但依其出资额或者持有的股份所享有的表决权已足以对股东会、股东大会的决议产生重大影响的股东。因此，取得决策权的最简单方式就是直接实际出资达50％以上，或者直接实际出资没有达到50％但通过吸收关联公司股东、密切朋友股东、近亲属股东等形式，以联盟形式在公司形成控股局势。

如果实际出资未达到50％以上，也不能形成股东之间的联盟，这种情况下，如何对公司进行控股呢？这就需要在公司成立之初，创业者在公司章程的起草方面下功夫，通过公司章程，设计就突破了同股同表决权的常例。

要实现这个股权设计的目的，一般情况下创业者具有一定的市场优势、技术优势、管理优势，通过这些优势弥补投资资金上的不足、换取表决权。在互联网创业早期，很多技术型、市场型、管理型投资者忽略了这一点，而使自己在公司的后续运作中难以施展拳脚，从而使应有的技术、市场和管理优势未在公司运作中实现利益最大化。

《公司法》中只是简要地规定了股东会及董事会的职权及表决方式，而每个公司的实际情况千差万别。公司在设计股权结构时，应该通盘考虑一些重大事项决策所归属的表决部门以及表决程序。有些封闭式的公司就规定股东对外转让股权时，要求全体股东的2/3的表决权通过以维护公司的"人合性"。有些公司甚至对股东死亡后其继承人进入公司决策层/管理层的表决比例或时限做出具体规定。

创业者设立有限责任公司不仅要考虑资本的合作，也要考虑人的合作。在公司成立之初，创业投资者应充分考虑自己的投资目的、投资额及其占公司总资本的比例，结合自己的各项优势对股权结构进行深入的分析考虑，这样不仅仅只为股东个人利益，也为公司今后稳健发展奠定坚实的基础。

（二）期权

随着互联网创业的快速发展，创业企业的规模可能会迅速扩张。创业企业在发展中可能会面临上市的选择。为了激励企业经营者、员工与公司共同发展，创业者可以在创业初期进行股票期权计划的设计。

所谓股票期权就是公司给予其经营者在一定的期限内按照某个既定的价格购买一定数量的公司股票的权利。公司给予其经营者的期权既不是现金报酬，也不是股票本身，而是一种权利。凭这种权利，经营者可以以某种优惠条件购买公司股票。股票期权设计是指创业者激励重要的创业骨干，通常是高级经营管理人员和技术骨干而采取的激励手段。如果创业者计划在若干年后将创业企业上市（如在创业板或高科技板上市），就可以给予特定人员股票期权。持有期权的人可以在规定的时间，以规定的价格购买企业的股票。这个规定的价格就是行权价格，行权就是行使购买股票的权利。行权以后，持有期权的人可以在股票市场上择机出售股票，其收益就是期权的行权价格和出售时股票的市价之间的差值。

（三）分红权

分红权是在薪资以外，按照一定的比例从税后利润中获取收益的一种激励办法。按照《公司法》的规定，企业的股东按照其所持有的公司股份比例获得利润。但是为了激励非股东员工，创业者也可以给予非股东员工一定比例的分红权，具体比例应由股东会决定。

分红权是在不影响股权结构的情况下，由股东从其应得收益中拿出一部分激励企业经营者或员工的激励方式。这种激励方式将企业业绩与经营者个人收益捆绑在一起。因此，该方式在创业的过程中也能够比较好地实现对经营者的激励。一些暂无上市计划的互联网创业企业可通过分红权的设计对员工进行激励。分红是从企业利润中实现的，分红权的设计同样可以起到降低运营成本、提高经营者绩效的作用。

第四节　市场调研

创业激情就像是汽车的引擎。有了引擎，汽车可以获得行驶的动力。有了创业激情，创业者主动寻找商机，启动创业。但是，就像一部汽车光有引擎还不行，驾驶员还要监视路况，控制方向盘，保持正确的路线和方向。创业者选择了创业项目之后，在真正启动创业之前需要对创业项目进行周密的调研、可行性分析、精心的策划，以保证创业沿着正确的方向发展。

一个好的创意是否能够成为创业的契机需要市场的检验。我们不可能百分之百地预见到未来的市场变化，但是我们可以通过各种切实可行的方法和手段来调查需求、了解市场，并在调查研究的基础上对创业项目的可行性进行分析。市场调研既可以相当宽泛，也可以具有针对性。对于互联网创业而言，市场调研的内容应该紧紧围绕客户、竞争对手和创业相关行业来进行。

一、了解客户需求

任何有价值的创业项目必定能够为特定的客户群体提供价值——能够满足一定的客户需求。了解客户需求就是了解创业项目的市场需求。创业项目是否能够存活下来首先取决于创业项目是否存在市场需求，这种需求是短暂的还是持续的，是广泛的还是局部的。

互联网创业项目的最大优势就是市场可以做到无限大。互联网没有地域的限制甚至没有国界的限制，唯一受限的就是语言。而当互联网创业项目真正实现国际经营时，语言也将不再是屏障。创业者在了解客户需求时，需要具有全国性甚至全球性的眼光，具有全国性和国际经营前景的创业项目将会受到风险投资者的格外关注。

二、了解竞争对手

"知己知彼方能百战不殆"，这是中国最脍炙人口的商战法则。创业者不仅要知道自己的客户在哪里，他（她）们有怎样的需求，还要知道自己的竞争对手在哪里。与竞争对手相比较，自己的优势是什么、劣势是什么。对于互联网创业者来说，有竞争并不可怕，可怕的是不知道谁是竞争对手，不知道自己与竞争对手的差异是什么。我们在第一章中讨论过互联网上只有第一，没有第二。互联网没有地域的限制，只有商业模式的不同。创业者只要明确自己的竞争对手，并能够让自己不同于竞争对手，即使面对最强大的竞争对手，只要在某一点上超越竞争对手，就能够成为胜者。

三、了解和分析价值链

创业者不仅要了解客户，了解竞争对手，还要了解自己的价值链。了解价值链也就是了解创业者在为客户提供产品和服务的过程中需要哪些资源以及如何获得这些资源。对于大多数创业者来说，创业在起步阶段就像一颗初露芽的种子，它需要借助大地的滋养，去发育自己稚嫩的根系。当根茎深深扎入大地以后，它才能够抵御各种灾害而茁壮成长。互联网就是滋养创业的土壤，创业者可以借助互联网整合创业所需要的各种资源，低成本地、快速地形成提供产品或服务的价值链。

四、了解创业环境

创业者不仅要了解客户、竞争对手和潜在的合作伙伴，还要了解创业的环境，包括国家对某些领域、地区的优惠政策，创业实体所在地以及市场所在地的人口资源、消费水准、文化氛围等。

以北京为例。北京是中国的首都，拥有全国最多的高等学府、最高层次的科研机构和丰富的高层次人力资源。由于北京雄厚的科研教育实力、完善的现代通信和网络设施、国际化都市的文化氛围以及北京市的发展规划，在北京创业可以选择在以下重点领域：

（一）高新技术产业

北京的高新技术产业发展基础良好，加上丰富的人才资源及中关村的品牌优势，是相当不错的创业领域。特别在生物工程和新医药、光电一体化、新材料等新兴高科技领域有很大的创业空间。

（二）文化产业

北京是中国的文化中心，在文化、传媒领域有着无可比拟的市场优势。北京现有的传媒产业结构中，网络媒体的份额相对薄弱，因此，发展空间相对较大。

（三）电子信息产业

该产业是北京工业领域的第一支柱产业，电子产品相当丰富，其电子城科技园吸引了众多高新技术企业，其中不乏世界 500 强企业。在北京投资电子信息产业，有无可比拟的群聚优势。

第五节　互联网创业的营销

互联网所提供的商机对所有人都是均等的。但有的人在互联网上发掘出了宝贝，而有的人却在互联网上烧掉了大笔的金钱。由此可见，机会虽然是均等的，但是对机会的把握和利用却大相径庭。

那么究竟如何才能够让一个创业的种子在互联网上生根发芽，直到成长为一棵常青树。

一、互联网创业更需要营销

有人把互联网称为虚拟世界，有人把互联网称为第四代媒体，还有人把互联网称为"没有疆域的市场"。也许每一种称谓都自有它的道理，每一种称谓似乎都表明互联网创业可以不"销"自长。但是如果因此而认为互联网创业可以忽视营销，那么创业就势必然走进一个封闭的"胡同"。实际上，互联网创业更需要营销，甚至更需要创新的营销。

中国有句商人皆知的老话："酒好不怕巷子深。"意思是说，只要产品好，即使不搞营销，不做广告，也自会有客户登门。也许在传统的商务活动中的确存在这种现象，但是在电子商务中，"酒好也怕巷子深"。互联网就像浩渺的海洋，任何一个平台都不过是"沧海一粟"。如果没有适当的营销策略和营销手段，再好的商务模式也很难被客户关注。今天成功的互联网创业无一例外地都经历过创业初期的集中化的市场营销阶段，只有通过营销牢牢地吸引住客户的眼球，才会带来今天规模化的网络经济。因此，互联网创业不仅仅是能够创立一种新的盈利模式，而且还要能够利用各种营销手段，在较短的时间内吸引客户并长久地锁住客户的注意力。

传统的商务活动可能会囿于空间限制，而无法做到尽人皆知，但是互联网的全球性使得电子商务可以跨越疆界。如果不充分利用网络营销的方法和手段，互联网的全球性优势就无法得到充分发挥。因此，在互联网创业之初，创业者就要制定相应的网络营销策略，并根据互联网创业的发展进程不断完善和深化。

互联网创业依托于互联网从事商务活动。互联网是网络与网络连接而成的网，是当今世界上连接计算机最多、联网方式最便捷、信息资源最丰富的网络。互联网将分布在世界各地素不相识的人们连接到一起。人们通过互联网进行信息交流和资源共享。创业者如果能够利用各种网络沟通交流方式，如网络社区、即时通信工具、搜索引擎优化、网络广告、在互联网上开设"虚拟店铺"、举办网上"展示会"等，就能使世界各地的客户如同身临其境，真正做到"酒好岂会巷子深"。

二、互联网创业营销策略

如果创业者没有对好点子进行精心的营销策划和实施，那么正像彼得·德鲁克所说的，很可能是在为竞争对手创造市场。所以只有创业的好点子加上正确的营销才能让创业的种子破土而出，苗壮成长。我们对营销策略并不陌生。4P营销策略，即产品、价格、渠道、促销。4C营销策略，即消费、成本、便利和沟通。从4P到4C反映出市场环境的变化。4P营销策略组合是企业从自身资源和利益出发围绕开发出具有核心价值和附加价值的产品，制定出相适应的价格体系，建立起产品从企业销往用户的渠道，并采取相应的促销手段等一系列的营销策略的组合。而 4C 强调了顾客的感受，以让顾客满意为核心。如何使顾客获得高度满意？当然首先是提供让顾客高度满意的产品和服务，或者说是核心产品和服务——这是企业存在的价值所在。能够让顾客满意的产品和服务应该具备顾客所需要的使用价值，但仅此还不够，因为越来越多的产品在使用价值方面已经雷同，以至于顾客需要在产品的质量、环保、特色、服务以及品牌美誉度等方面进行多方位的比较，以寻求更满意的产品和服务。企业要让消费者满意必须站在消费者的角度思考问题，这就是新的营销策略 4C 的核心思想。

4C 组合是在网络经济环境下对企业传统营销策略的挑战，其含义是企业要从顾客出发，设计生产顾客所需要的产品；企业的营销过程要考虑顾客获得产品所付出的成本，包括金钱、时间和精力等；要从方便顾客出发，设计营销渠道，要方便顾客取得和使用产品；还要从顾客出发，设计顾客与企业的沟通渠道，能够便于顾客获得企业的信息、便于顾客信息向企业反馈等。总之，4C 是以顾客利益最大化为目标。

三、互联网创业营销方法与营销工具

互联网创业与传统创业的不同之处就在于互联网能够将注意力转化为销售力。但是注意力向销售力的转化并不是必然的结果，而是营销的结果。互联网营销的过程可以概括为提高吸引力、强化黏合力与提高转化率三个步骤。

（一）提高吸引力

提高吸引力就是提高用户对互联网创业的正向的关注力。开展公共关系（制造新闻）、进行在线促销、发布媒体广告等都是提高吸引力的互联网在线营销方法。

企业可以通过策划具有新闻效应的事件开展公共关系，引起公众的关注和好感。有时这种公共关系并不需要太多的投入，只要能够抓住社会关注的焦点问题并体现出企业对社会的责任感就足以产生不错的轰动效果。

在各种媒体上播放广告是花钱买点击率的方法。当然对于资金比较充裕的企业也不失为一种营销方法。网络广告是花钱买吸引力的营销手段。虽然是花钱，但是钱花得是否值得，是否能够获得预期效果，这就需要创业者在广告的投放时机、投放位置以及广告内容和形式上进行相应的策划。

为了使网络广告能够获得理想的效果，可以采取先试投广告，然后进行广告效果的评估，根据评估效果进行广告投放的进一步策划和改进。常用的网络广告评价方法有点击率、转化率等。

广告点击率是一个比较笼统的概念。通常是指一段时间内（一天、一周、一月、一年、创建以来）广告被点击的次数与网页的显示次数之比。如果细分的话，还可以分为对某个网络广告、某个页面、某个栏目的点击率。

有时广告投放效果并不能简单地用点击率进行评价。因为对于销售型盈利模式来说，点击率并不能说明销售的状况如何，此时可以用对比的方法和转化率方法来更加客观地反映广告的投放效果。

（二）强化黏合力

研究发现，顾客保持率每增加 5%，这些行业的利润可以增长至少 35%，最多达95%。这主要是因为：第一，节约成本。吸引一位新顾客的成本是保留一位老顾客成本的 5 倍，吸引新顾客需要更多的广告费用、推销费用、销售人员佣金等，而与老顾客交易可降低交易成本，甚至一些老顾客可以向企业提出一些节约成本的建议。第二，增加销售收入。忠诚的顾客重复购买一种或数种产品，随着时间的推移，其购买数量也不断增加，即老顾客对企业具有较大的生命期价值。第三，企业可以从忠诚顾客那里获得较好的口碑优势，满意忠诚的用户会经常向其亲朋好友推荐企业的产品或服务，这是一种低成本的广告。第四，企业可以获得价格优惠。根据营销学研究结果，与新顾客相比，老顾客对公司产品的价格并不敏感，用不太好听的话说是"杀熟"。从心理学的角度分析，实际上老顾客已经产生了依赖心理，愿意支付较高价格从而获得较好的产品与服务。

由此可见，对企业而言，培养忠诚的顾客尤其重要。忠诚的顾客是对企业高度满意的顾客。什么是满意？菲利普·科特勒认为，满意是指一个人通过对一个产品的可感知的效果(或结果)与他的期望值相比较后所形成的愉悦或失望的感觉状态。高度满意不是一般的满意，而是百分之百的满意。美国施乐公司曾经对顾客满意度进行过测评，主要测评顾客对施乐公司的满意程度。每个问题设定 5 个等级，顾客可以标出自己满意的分值，最高分为 5 分。施乐公司对给出 4 分与给出 5 分的顾客的再购买意愿进行了比较，结果发现，给出 5 分的顾客再购买施乐产品的可能性比给出 4 分的顾客多 6 倍。这项试验揭示了顾客满意度和顾客忠诚度之间的关系是非线性的。也就是说顾客的一般满意对顾客忠诚度几乎是毫无意义的，企业只有让顾客高度满意才能赢得顾客的忠诚。

（三）提高转化率

对于大多数互联网创业企业来说，吸引用户和黏住用户不是最终目的，因为除了纯粹的流量型电子商务是靠眼球赚取利润以外，销售型电子商务还是要靠销售获取利润，因此就需要把点击率转化为销售机会。这种转化并不是自然而然的事情，而是需要创业者的精心设计和策划。

曾在美国通用电气公司任首席执行官达 20 年之久的杰克·韦尔奇在《杰克·韦尔奇自传》中谈到了美国通用电气公司的一个失败的教训："在网络热的高峰时期，我们做的另一件蠢事是急于建立网站——任何网站。它体现了我们的热情和精力，但到了2000 年年初，局面开始失控了。我们的电器业务开发了一个娱乐性新网站，叫'搅拌汤勺'。网站搞得很好：有食谱、讨论栏、优惠券下载、购物忠告——也就是说，厨师所需要的应有尽有。问题是，它们根本不卖电器。它成了我们称之为'网络尘埃'的样板——那些看上去十分漂亮但在经济上从来没有理由存在的网站。我们得到的教训是，如果你不能将屏幕——无论是直接的商品，还是间接的更优质的服务——变成钱，那么当初就不应当建立。"

第六节　互联网创业的风险及规避

虽然我们无法确切地统计究竟有多少人在利用互联网经营着自己的事业，但是互联网确实已经成为创业者们最青睐的地方。尽管如此，我们仍不能够盲目地认为互联网就是创业者的天堂。互联网上同样也是暗流涌动、风雨无常，互联网创业同样存在着失败的风险。互联网创业的风险可能来自创业组织内部，也可能来自创业组织外部。

一、来自创业组织内部的风险

互联网创业最大的风险是什么？是资金短缺，是人才匮乏，还是管理不到位？虽然这些风险可能是存在的，但是这些都是可以规避的风险。

（一）盈利模式风险

互联网创业无法规避的风险是没有明确的盈利模式，也就是不知道企业的利润来源是什么、来自哪里、如何取得。有人可能会问：谁愿意做赔本的买卖呢？是的，没有人愿意做赔本的买卖。但是，实际上在整个商业发展史上，不是有人已经做过或正在做着赔本的买卖吗？在传统的商业中尚且如此，在互联网创业中就更有可能了。许多互联网创业者在创业之初并不知道如何去盈利，而是被互联网的神话所打动，以为真的是"只要上网，黄金万两"，结果是英勇出征却折戟而归。因此，互联网创业者在启动互联网创业之前，必须有明确的盈利模式。如果互联网创业者无法清晰地说明创业的利润来源，创业的第一步就不应该迈出去。

没有盈利模式岂能选择创业？理论上这个问题似乎不应该是问题。但是实际上恰恰是问题。因为互联网的商业应用从无到有，所以当人们自认为某种技术可能会成为一种新的商业模式的时候就会选择创业，而实践的结果可能是无法实现盈利。许多互联网的商业应用模式又很容易被效仿。一些人看到别人成功，可能就会模仿成功者而选择创业。但是简单地克隆别人已经成功的模式，其结果可能是创业的失败。

盈利模式的风险可以是创新的风险，而不应该是没有盈利模式的风险。没有盈利模式的风险是无法规避的风险，唯一可以做的就是想清楚盈利模式再启动创业。

（二）股权结构风险

来自创业者内部的另外一个风险就是股权结构的风险。中国有句话是：可以共患难，不能同富贵。人在困境中往往不太计较个人得失，当有了财富的时候却往往更加计较个人的得失。所谓"不患寡而患不均"就是对这种现象的解释。许多创业团队，在条件艰苦的创业初期，创业者们同心同德，一同打拼，不分彼此。但是当创业取得一定的成功而财富有了一定积累的时候，创业团队却因为分配不公而产生矛盾，甚至分道扬镳，各立门户，合作伙伴成了竞争对手。

为了避免出现这种情况，在创业初期创业者应该合理设计股权结构，并且将团队成员优势互补、资源互补，采取对称的股权结构，发挥团队的作用。这种等分股权的结构，在创业者之间已经出现严重分歧时可能更容易造成公司的解体。

（三）企业内部管理风险

盈利模式风险和股权结构风险主要是在创业启动之前潜在的风险。当创业者意识到这些风险的存在并在创业启动前经过认真的准备和科学的设计以后，这些风险是可以化解或降低的。而企业内部的管理风险是伴随着整个创业过程的。尤其是在创业初期，创业者把更多的精力放在企业外部和市场上，企业内部管理往往比较薄弱甚至根本就无暇顾及。管理的缺失所带来的风险是潜移默化的，一旦爆发往往难以控制。企业在创业初期的管理风险涉及财务风险、人力资源风险、决策风险等。

1. 财务风险。财务风险是一个比较复杂的问题。在企业发展的不同阶段，面临的主要财务风险不同。对于初创企业可能面临的财务风险有：

第一，资金结构不合理，负债资金比例过高。资金结构主要是指企业全部资金来源中权益资金与负债资金的比例关系。初创企业由于筹资决策失误等原因，可能会造成资金结构不合理，具体表现在负债资金占全部资金的比例过高。如果负债过高，比如超过50％就会导致企业财务负担沉重，偿付能力严重不足，由此产生财务风险。

第二，固定资产投资缺乏科学性。有些创业者缺乏对资金的合理运用，在创业初期盲目购置固定资产，结果占用了大量资金，短期内也无法产生投资回报，使投资项目不能获得预期的收益，投资无法按期收回，为企业带来巨大的财务风险。

第三，企业赊销比重大，应收账款缺乏控制。由于我国市场已成为买方市场，企业普遍存在产品滞销现象。一些企业为了增加销量，扩大市场占有率，大量采用赊销方式销售产品，导致企业应收账款大量增加。

2. 人力资源风险。人力资源风险主要表现在初创企业在人才结构设计上存在缺陷，在人才的招聘和使用中出现失误，结果导致企业的劳资矛盾、企业的商业机密或资产被剽窃，甚至企业员工集体跳槽等。发生这种情况，对企业而言相当于发生一次地震。有时给企业造成的损失是无法挽回的。为了避免人力资源风险的发生，创业者应该把握以下几点：

首先，在人才结构设计上要合理。企业的人才结构应该是金字塔式结构，少量的高端人才、稍多的中间层次的人才、更多的底层操作人员。初创企业的高层管理人员应本着少而精的原则。对少数的高端人才应该以薪金和期权的方式进行激励，中间层次的人才主要以薪金和业绩奖金（比如分红权或期权）的方式，而底层的操作人员按岗位设计工资并加以绩效考核。

其次，尽管人才结构是金字塔式的，而沟通渠道应该扁平化。在创业企业的管理中，东方的"以人为本"的儒家思想有时可能更有利于创业企业的初期发展。因此，领导要尊重员工，要有社会责任感，对员工负责实际上就是对自己负责。

最后，对于处于关键岗位的员工或管理者，要用法律文本的方式明确保密责任和义务。

3. 决策风险。所谓决策风险是指在决策活动中，由于主、客体等多种不确定因素的存在而导致决策活动不能达到预期目的的可能性及其后果。创业企业的决策风险主要来源于创业者的决策失误。创业初期的决策风险主要是对市场预期的判断失误、对资金运用上的错误以及在人才使用上的失误等。除了上述决策风险，创业发展过程中还会出现盲目扩张的风险等。

决策过程是一个同时受到主、客观因素影响的不确定的过程。导致决策风险的客观因素有信息不充分、不可预知的因素发生、决策机制不健全等；主观因素可能是决策者的能力不足，受情绪、成见影响导致判断失误等。

企业建立良好有效的决策机制是防范决策风险的重要保证。良好有效的决策机制主要表现在适当的分权、有效的监督、管理层级的减少。适当的分权，可以使企业决策者集中精力于企业的重大决策事项，避免因为决策事项过于集中于企业高级决策机构而导致决策失效；建立有效的决策监督机制，可以防止企业决策者滥用决策权，或者由于道德风险而产生的决策风险；减少管理层级，可以减少决策信息的损耗和延迟，增加决策的及时性和准确性。

二、来自创业组织外部的风险

互联网创业企业所面临的风险除了来自创业组织内部的风险，还会面临来自创业组织外部的风险。例如，技术发展风险、市场变化风险以及其他不确定性风险。

（一）技术发展风险

对于互联网创业来说，虽然盈利模式是最关键的问题，但是也并不是说有了明确的盈利模式，技术就不再重要了。事实上，许多盈利模式与互联网技术的发展和应用是密不可分的。

对于互联网创业者来说还存在着另一种风险——盲目迷信技术的风险。再先进的技术也是被人来利用的。技术虽然先进，但是却不能方便地解决人们的实际问题，那么这种技术就是"空中楼阁"。技术不是因为它的复杂高深而产生价值，而是由于其解决实际问题而产生价值。迷信技术的人往往会事倍功半——用复杂的技术解决简单的问题，也就是杀鸡用牛刀。从经济的角度，恰恰是简单的技术解决复杂的问题最经济。所以互联网创业既要关注技术，关注技术发展对市场需求的推动作用，同时又不能迷信技术，不能陷入单纯追求技术的自我陶醉中。

（二）市场变化风险

前所述及的技术发展风险是由于新技术的出现，改变了人们的生产生活的方式，市场需求必然随之发生变化，由此带来市场变化的风险。还有一种市场变化的风险是在技术并没有发生变化的情况下，人们的需求发生了变化，从而导致市场的变化。如果企业对这种变化毫无知觉，可能在某一天突然发问：我的客户呢？他们为什么离开了我？

我们对互联网的发展已经不再陌生。互联网从纯粹的信息传输通道演变成数字化的商业世界，虽然有许多是新技术应用的结果，但是更多是市场需求变化的结果。

（三）其他不确定性风险

所谓不确定性风险是事先无法预知的风险。在创业过程中，并不是所有风险都是可以事先确知的。企业运行的外部环境是动态的。无论是政策的变化、供应链的变化以及其他因素导致的外部变化，或者是偶然事件引发的变化，对创业实体都会产生影响，有时这种影响会酿成风险。

对于不可预知的风险，创业者能够做到的就是对风险的控制与管理，当风险来临时，要能够将风险化解，或者尽可能减少风险损失。

创业者在企业内部建立起风险控制与管理的机制。企业内部要对供应商、客户、政府等外部群体形成一套统一的风险监测和评估机制。互联网创业企业尤其要重视网络媒体在信息传播中的作用，并建立对网络信息传播的监测和反馈机制。这样往往能让企业看到一些无法预知的风险苗头，促使管理者寻求适用于企业整体的解决方案。如果执行良好，企业风险控制与管理机制就能在危机来临前释放企业的资源和能量，使其有助于风险的规避和化解。

创业者应该在企业建立风险管理文化，把风险管理融入日常运营，而不是让员工在出现风险时消极应对。风险管理不仅仅是管理者的事情，而且是企业全体员工的事情。这样，当风险即将来临时，一线人员（他们能够发现潜在问题的警告信号）就能更快地把情况告知决策者，以采取行动规避风险。

思考与练习

所有东西都可以成为品牌，但不是所有东西都能成为互联网品牌。互联网时代创业者的典范主要有以下特点：

1. 抓住互联网发展机遇，结合实际，找到创业突破口。

2. 以互联网思维为核心，将用户体验做到极致。

3. 利用大数据，捕捉消费者需求的同时控制成本。

结合以上分析，请回答以下问题：

1. 你认为创业成功的关键在于什么？

2. 在融资道路上，你认为最值得借鉴的经验是什么？

3. 请说明"互联网＋"电子商务有何特点？

4. 在当前环境下，如果你准备创办企业，你认为在"互联网＋"环境中创业者应该具备什么样的素质？

5. 你认为在"互联网＋"创业环境中，除了识别机会和市场前景外，还应该注意哪些因素？

参考文献

[1] 施永川．大学生创业基础[M]．北京：高等教育出版社，2015.

[2] 徐小洲．创业概论[M]．北京：教育科学出版社，2017.

[3] 李家华．创业基础[M]．北京：北京师范大学出版社，2013.

[4] 张玉利，等．创业管理（行动版）[M]．北京：机械工业出版社，2017.

[5] 罗国锋．创新创业：行动学习指南[M]．北京：经济管理出版社，2013.

[6] 王艳茹．创业基础如何教：原理、方法与技巧[M]．北京：清华大学出版社，2017.

[7] 内克，等．如何教创业：基于实践的百森教学法[M]．北京：机械工业出版社，2015.

[8] 霍恩，等．混合式学习：用颠覆式创新推动教育革命[M]．北京：机械工业出版社，2016.